연탄길 세 번째

ⓒ 생명의말씀사 2016

2016년 8월 29일 1판 1쇄 발행
2022년 10월 20일 4쇄 발행

펴낸이 | 김창영
펴낸곳 | 생명의말씀사

등록 | 1962. 1. 10. No.300-1962-1
주소 | 서울시 종로구 경희궁1길 6 (03176)
전화 | 02)738-6555(본사) · 02)3159-7979(영업)
팩스 | 02)739-3824(본사) · 080-022-8585(영업)

글, 그림 | 이철환

기획편집 | 서정희, 김세나
디자인 | 박소정, 조현진
인쇄 | 영진문원
제본 | 보경문화사

ISBN 978-89-04-16559-9 (04230)
ISBN 978-89-04-70027-1 (세트)

저작권자의 허락없이 이 책의 일부 또는 전체를
무단 복제, 전재, 발췌하면 저작권법에 의해 처벌을 받습니다.

연탄길

/ 세 번째

이철환 글그림

생명의말씀사

연탄

나를 전부라도 태워,
님의 시린 손 녹여줄 따스한 사랑이 되고 싶었습니다.
그리움으로 충혈된 눈 파랗게 비비며,
님의 추운 겨울을 지켜드리고 싶었습니다.
그리고 함박눈 펑펑 내리는 날,
님께서 걸어가실 가파른 길 위에 누워,
눈보다 더 하얀 사랑이 되고 싶었습니다.

작가의 말

'어둠의 빛'을 노래하다

〈연탄길〉이 사랑받는 이유

〈연탄길〉이 나온 지 16년이 넘었습니다. 이토록 오랜 시간 동안 독자들의 한결 같은 사랑을 받는다는 것은 결코 쉽지 않은 일입니다. 〈연탄길〉이 받은 사랑은 독자들의 사랑이 있었기에 가능한 일이었습니다. 이 책이 이토록 오랜 시간 동안 사랑받는 이유가 무엇일까, 저자로써 생각하지 않을 수 없었습니다. 확신할 순 없지만 저에게 메일을 보내오는 많은 독자들의 이야기를 요약해보면 짐작은 가능했습니다. 독자들이 말해준 공통점은 〈연탄길〉을 읽으며 마음의 치유를 받았다는 것입니다. 독자들의 말처럼 마음을 치유하는 힘이 있다는 것이 〈연탄길〉이 오랫동안 사랑받은 이유일지도 모릅니다.

절망적인 상황 속에서도 희망을 찾아가는 〈연탄길〉 주인공들의 모습을 통해 다시 일어설 수 있는 용기를 얻었다고 말해주는 독자들이 많았습니다. 죽음을 결심하고 있다가 〈연탄길〉을 읽고 나서 마음을 돌이켜 다시 삶의 의지를 갖게 되었다고 말해준 독자도 여러 명 있었습니다. 학교를 그만두고 가출해 지방의 음식점에서 배달 일을 하며 지냈던 고등학생이 자신이 일하는 음식점 구석방에서 우연히 〈연탄길〉을 읽고 나서 마음을 돌이켜 집으로 돌아갔다는 편지를 받은 적도 있습니다. 〈연탄길〉에 나오는 주인공들을 통해 저 또한 많은 위로를 받았습니다.

〈연탄길〉이 오랫동안 사랑받은 또 하나의 이유가 있다면, 책 속의 이야기들이 모두 실화이기 때문일 것입니다. 오랜 시간에 걸쳐 이야기 속 주인공들을 만났고, 인터뷰를 통해 그들이 들려준 이야기들을 토대로 〈연탄길〉을 썼습니다. 마음속에 있는 기쁨과 슬픔을 제게 들려주시고, 이야기로 쓰는 것을 허락해 주신 〈연탄길〉 주인공 분들께 감사드립니다.

〈연탄길〉 속엔 저의 이야기도 여러 개 들어있습니다. 저의 개인적인 기쁨과 슬픔 또한 사람 살아가는 이야기일 테니 용기를 내어 넣을 수 있었습니다. 이야기 속 인물의 이름을 제 이름 그대로 쓰는 것이 어색해 다른 이름으로 썼습니다. 독자들의 양해 부탁드립니다.

〈연탄길 1, 2, 3〉 개정판 작업의 주요 과정

이번 개정판을 출간하면서 기존의 책에서 꽤 많은 원고를 빼냈고 꽤 많은 원고를 새로 넣었습니다. 굳이 밝히자면 세월의 흐름 속에서 조금은 진부해졌다고 생각되는 18꼭지를 빼냈고 34꼭지를 새로 넣었습니다. 새로 넣은 원고의 분량은 웬만한 책 한 권 분량입니다. 이번에 새로 넣은 원고 중엔 처음 발표하는 꼭지도 있고 오래전에 발표했던 꼭지도 있습니다.

 기존의 책에 담겨 있던 그림들은 모두 빼냈고 〈연탄길 1, 2, 3〉 각 권마다 24장씩, 모두 72장의 그림을 새로 그려 넣었습니다. 최근에 출간된 3권의 책에 실려 있는 많은 그림도 제가 모두 그렸으니 〈연탄길 1, 2, 3〉권의 그림 작업이 전혀 새삼스러운 일은 아니었습니다. 더욱이 2000년에 발행된 〈연탄길 1권〉 초판본에 실려 있는 32장의 그림도 모두 제가 그린 그림입니다. 글 쓰는 사람이 왜 그림까지 그렸을까 생각하는 독자들이 있을지도 모르겠네요. 글을 쓴 사람만이 그릴 수 있는 그림이 있다고 저는 믿고 있습니다. 글을 쓴 사람이 아니라면 아무리 그림을 잘 그린다고 해도 절대로 담아낼 수 없는 그림이 있다고 저는 생각합니다.

 저는 아주 오래 전부터 그림을 그렸습니다. 어릴 적부터 제 꿈이 화가였기 때문입니다. 요사이 저는 제가 그린 몇 백 장의 그림을 강연 슬라이드로 만들어 전국을 다니며 '인문학' 강연을 하고 있습니다. 그런 까닭에 제가 가는 강연장은 제 그림의 전시장이기도 했습니다. 두 번의 그림 전시회를 열었고 6년 여 동안 유서 깊은 여러 잡지에 그림을 연재하기도 했습니다. 많은 분들이 저의 그림을 격려해 주었습니다. 제가 쓰는 글이 제가 그리는 그림의 세계를 확장시켜 줄 거라고 저는 믿고 있습니다. 반대로 제가 그리는 그림이 제가 쓰는 글의 세계를 확장시켜 줄 거라고 저는 믿고 있습니다.

〈연탄길 1, 2, 3〉권에 있는 제 그림을 보고 "컴퓨터로 그렸나요?"라고 묻는 사람들이 있었습니다. "컴퓨터로 그림을 그리는 방법도 모르고, 컴퓨터로 그림을 보정하는 방법도 모릅니다."라고 저는 대답했습니다. 혹시나 독자들 중에 같은 질문을 하실 분들이 있을지도 몰라 말씀드립니다.

내가 그림 속에 담고 싶었던 것

오랜 기간 동안 〈연탄길 1, 2, 3〉에 넣을 그림을 그렸습니다. 한 편의 노래가 될 수 있는 색과 색의 결합은 커다란 공룡 한 마리를 세밀화로 그리는 것 보다 어려웠지만 기쁨도 있었고 보람도 있었기에 감당할 수 있었습니다. 그림을 그리는 내내 지난 시간의 기쁨과 슬픔이 자꾸만 떠올랐습니다.

무엇보다 제 그림 작업에 가장 많은 영감을 준 것은 '인간의 영혼'과 '경이로운 자연'이었습니다. 또한 저에게 영감을 주었던 세 개의 빛나는 통찰이 있습니다. 그것들 중 하나는 함민복 시인의 시집 제목 '모든 경계에는 꽃이 핀다'입니다. 모든 경계에서 비로소

꽃이 핀다는 의미가 참으로 절묘했습니다.

저에게 영감을 준 또 하나는 철학자 최진석의 '경계를 품다'입니다. "이것이 맞다." 혹은 "저것이 맞다."라고 확신하지 말고, '이것'과 '저것' 사이의 경계에 서서 짐승의 눈빛으로 그것들을 바라보아야 올바른 분별력을 가질 수 있다는 그의 메시지는 의미심장합니다. 우리 마음속에 무비판적으로 받아들인 누군가의 생각을 마치 내 생각처럼 착각하지 말라는 것입니다.

실제로 이번 그림 작업을 통해, 색과 색이 만나 아름다운 경계를 품는 장면을 보았습니다. 그림 속에서 바다가 보이고 강이 보이고 지평선이나 수평선이 보인다 해도 제가 그것을 그린 것은 아닙니다. 저의 관심은 오직 색과 색의 결합을 통해 의식의 지평을 넘어선 그 어떤 것을 그리고 싶었을 뿐입니다. 제가 그리고 싶었던 것은 기쁨과 슬픔의 경계, 빛과 어둠의 경계, 선과 악의 경계, 사랑과 미움의 경계였는지도 모릅니다. 우리의 삶은 기쁨과 슬픔을 통해 깊어진다는 믿음 때문입니다. 우리의 삶은 빛과 어둠을 통해, 선과 악을 통해, 사랑과 미움을 통해 더 깊어진다는 믿음 때문입니다. 오직 기쁨만으로 가득 찬 인생이 우리에게 무엇을 말해줄 수 있겠습니까? 누구를 미워해본 적도 없이 오직 사랑만으로 가득 찬 인생이 우리에게 무슨 깨달음을 줄 수 있겠습니까?

색은 마음을 치유하는 힘이 있다는 것은 누구나 알고 있는 사실입니다. 독자들이 제가 그린 그림들을 바라보며 '내면의 풍경'을 만나도 좋겠고 '자연의 풍경'을 만나도 좋겠습니다. 다만 제가 말하고 싶은 것은 있습니다. 저에게 있어 자연은 색을 공부하는 장소였을 뿐 궁극적으로 제가 그리고자 했던 것은 '내면의 풍경'이었다는 것입니다. 더 구체적으로 말씀드리면 인간과 세계 사이에 놓여 있는 '침묵의 독백' 같은 것들을 그리고 싶었습니다. 〈연탄길 1, 2, 3〉권에 들어가는 72장의 그림 속에 말로는 설명할 수 없는 '인간의 감정'을 표현해 보고 싶었습니다. 이를테면 거대한 세상 앞에 홀로 서야 하는 인간의 외로움이나, 내가 원하는 것과 세상이 원하는 것이 일치하지 않을 때 다가오는 인간의 소외감이나, 내게 다가올지도 모를 불행에 대한 공포나 불확실한 미래에 대한 불안 같은 것을 그림으로 표현하고 싶었습니다. 아울러 인간의 외로움이나 소외감과 맞서 싸울 수 있는 인간의 용기를 그려보고 싶었고, 공포나 불안을 잠재울 수 있는 희망의 노래를 그려보고 싶었습니다. "형상에 대해서는 고민할 필요 없다. 색깔이 결정되면 형상은 저절로 완성된다."는 모네의 말은 저에게 많은 용기를 주었습니다.

저에게 영감을 준 마지막 하나는 유태계 미국 화가 마크 로스코의 '색면추상'입니다. 일정한 형태도 없이(적어도 감상자가 보기엔)

색의 대비만으로 기이하게 구성된 그의 그림 속에서 저는 저의 내면의 풍경을 만날 수 있었습니다. 마크 로스코는 추상표현주의 화가였지만, 자신은 추상주의 화가가 아니라 인간의 감정을 그리는 화가라고 말했습니다. 저는 그의 그림을 통해 제 안에 있는 '기쁨'과 '슬픔'을 만날 수 있었습니다.

내가 그린 그림의 주제

이번 그림의 주제는 '색이 마음을 치유하다'입니다. 아름다운 색이 우리의 마음을 치유할 수 있다는 의미가 아니라, 색과 색의 하모니가 우리를 위해 기쁨의 노래를 불러줄 수 있고 슬픔의 노래도 불러줄 수 있다는 것입니다. 앞에서 말씀드린 것처럼 〈연탄길〉을 읽은 많은 독자 들은 〈연탄길〉을 통해 마음의 치유를 얻었다고 했습니다. 〈연탄길〉에 담겨 있는 글과 조화로운 그림을 넣으려면 어떤 그림을 그려야 할까 고민하던 중 독자들이 글을 통해 얻었다는 '치유'라는 단어가 생각났습니다. 그림의 주제를 '색이 마음을 치유하다.'로 정한 이유입니다.

또 하나의 그림 주제는 '어둠의 빛'입니다. '어둠의 빛'은 스위스의 정신분석학자 칼 구스타프 융의 빛나는 통찰입니다. '어둠의 빛'

은 어둠 속에 있는 빛을 의미하는 것이 아닙니다. 그가 말한 '어둠의 빛'은, 어둠의 가슴을 헤집어 보면 그 안에 눈부시게 환한 빛의 속살이 간직되어 있다는 의미입니다. 캄캄한 시간을 통해서만 깨닫게 되는 것이 있다는 의미겠지요. 오직, 어둠을 통해서만 인도되는 빛이 있다는 것입니다. 〈연탄길〉의 주제를 '어둠의 빛'이라고 말씀드릴 수도 있겠습니다. 그러니 그림의 주제 또한 자연스럽게 '어둠의 빛'으로 정할 수 있었습니다.

그림이 거의 완성될 무렵, 저의 그림 두 점이 국립박물관에 판매되었고 대한민국이 자랑하는 유명 화가들의 작품과 함께 전시되었습니다. 자랑하고 싶은 마음도 있지만 굳이 이 이야기를 꺼내는 다른 이유가 있습니다.

늘 자신감이 없는 저에게 박물관에 전시된 그림 두 점은 매우 중요한 사건이었습니다. 왜냐하면 그림을 그리는 몇 개월 동안 제가 제일로 경계했던 것이 있습니다. 그것은 제 안에 있는 불안과 근심과 부정적인 감정들이 최대한 적게 그림으로 표현되는 것이었습니다. 지극히 개인적인 것들은 보편적인 공감을 얻을 수 없기 때문입니다.

국립박물관에 전시된 그림 두 점은 저에게 감사와 보람과 자존감을 선물해주었고, 그로 해서 제 안에 있는 불안과 근심과 부정적인 감정들이 생동감으로 채워질 수 있어 다행스러웠습니다. 왜냐하면 그림을 그리는 동안, 어쩌면 제가 그림을 그리는 것이 아니라 제 안에 있는 공포와 두려움 혹은 제가 잃어버린 그 무엇이 그림을 그리는 것인지도 모른다는 생각이 들었기 때문입니다.

환한 색의 그림이라고 해서 희망을 노래한 것은 아닐 것입니다. 어두운 색의 그림이라고 해서 절망이나 우울을 노래한 것도 아닐 것입니다. 환한 그림으로도 절망을 노래할 수도 있고 어두운 그림으로도 희망을 노래할 수도 있기 때문입니다. 웃고 있지만 눈물을 흘리는 사람의 모습이 단지 애처롭게만 느껴지는지요? 웃고 있지만 울고 있는 사람은 마음이 기쁜 사람입니까? 아니면 마음이 슬픈 사람입니까?

〈연탄길〉이 내게 준 슬픔

〈연탄길〉은 저에게 기쁨을 주었지만 아픔도 주었습니다. 그런 까닭에 〈연탄길〉은 저에게 각별히 애정이 가는 책입니다. 〈연탄길〉이 제게 준 기쁨과 슬픔에 대해 다른 책에 쓴 적도 있지만 정작 써야할 곳은 바로 이 자리였음을 뼈저리게 느낍니다.

〈연탄길 1, 2, 3〉을 쓰느라 7년 동안 과로했습니다. 한 집안의 가장이었기에 〈연탄길〉원고를 쓰는 동안에도 돈을 벌어야 했습니다. 첫 번째 책을 냈지만 힘없이 쓰러졌고, 무명의 글쟁이였던 까닭에 책을 통한 인세 수입은 전혀 없었습니다. 낮엔 직장에서 고된 일을 하고 밤늦은 시간부터 새벽 3시나 4시까지 원고를 썼습니다. 7년 동안 낮에도 일하고 밤에도 일하고 새벽까지 일한 탓에 체력이 바닥날 수밖에 없었습니다. 몹시 심한 어지럼증이 생겨 다섯 걸음도 걸을 수 없었고, 집안에서 화장실에 갈 때도 간신히 벽을 붙들고 가야 할 지경이었습니다. 많은 시간이 지나도 어지럼증은 낫지 않았고 오히려 더 심해졌습니다. 설상가상으로 양쪽 귀에선 단 1초도 쉬지 않고 고막을 찢을 듯이 쇠파이프 자르는 소리가 들렸습니다. 인간의 목소리로 도저히 가닿을 수 없는 고음의 소리는 시시각각으로 저의 숨통을 조였습니다. 그런 상황이 오래 지속되면서 결국 심한 우울증을 앓게 되었습니다. 우울증을 앓으며 그 후 수년 동안 지옥 같은 시간을 보내야 했습니다. 저에게 기쁨을 준 것은 아픔도 줄 수 있다는 것을 〈연탄길〉을 통해 비로소 알게 되었습니다.

'의미'와 '무의미'는 다시 결정된다

한 치 앞도 보이지 않는 캄캄한 시간이었지만 그 시간을 통해 깨달은 것이 있습니다. 의미 있는 일이 무의미한 일이 될 수도 있고 반대로 무의미한 일이 의미 있는 일이 될 수도 있다는 것입니다. '의미'와 '무의미'는 지금 당장 결정되는 것이 아니라 두고두고 세월의 흐름 속에서 혹은 예측할 수 없는 상황의 변화 속에서 다시 결정되는 것이었습니다.

무엇이 '의미' 있는 일일까요? 그리고 무엇이 '무의미'한 일일까요? 우리가 계획했던 일이 이루어졌을 때 우리는 의미 있는 시간을 보냈다고 말합니다. 반대로 우리가 계획했던 일이 좌절되었을 때 우리는 무의미한 시간을 보냈다고 말합니다. 그럴듯한 말이지만 아닐 수도 있습니다. 우리가 의미 있는 일이라고 생각했던 일들 중엔 결국 무의미하게 끝나는 일이 얼마든지 있기 때문입니다. 반대로 우리가 무의미하다고 생각했던 일들 중엔 시간이 지나 의미 있는 일이 되는 경우도 얼마든지 있습니다. '의미'와 '무의미'는 다시 결정된다는 것입니다. 우리가 한 일이 의미 있는 일인지 무의미한 일인지는 또 다른 시간과 또 다른 상황과 또 다른 사람들 속에서 다시 결정된다는 것입니다.

저의 경우도 그랬습니다. 〈연탄길〉을 통해 많은 독자들의 사랑을 받았으니 〈연탄길〉은 저에게 커다란 의미였습니다. 그러나 앞에서 말한 것처럼 〈연탄길〉을 쓰느라 과로한 탓에 수년 동안 지옥 같은 시간을 보내야 했으니 〈연탄길〉은 생각만 해도 끔찍한 무의미가 되고 말았습니다. 건강이 나빠져 죽음 직전까지 갔을 때 다시는 글을 쓰지 않겠다고 이를 갈며 맹세하고 지옥 같은 시간에서 겨우 빠져나왔을 때 제가 그나마 잘할 수 있는 일은 글 쓰는 일밖에 없었습니다. 수많은 〈연탄길〉독자들이 있었기에 다음 책들도 독자들의 많은 사랑을 받았으니, 〈연탄길〉은 저에게 또다시 의미가 되었습니다. 〈연탄길〉작가로 전국 각지에서 강연 요청을 받았고 해외에서 강연 요청을 받은 적도 있습니다. 그 많은 강연 요청을 모두 수락하고 사람들 박수 소리에 마음을 뺏기고 나면 〈연탄길〉은 저에게 또다시 치명적인 무의미가 될 것입니다. 무리한 강연 일정으로 틀림없이 건강은 악화될 것이고, 병원에 누워 〈연탄길〉 같은 건 내 인생에 없었으면 좋았을 거라고 예전처럼 또다시 말하겠지요. 저는 지금 그것을 철저히 경계하고 있습니다. 이와 같이 '의미'가 '무의미'가 될 수 있고, '무의미'가 '의미'가 될 수 있는 것이 우리의 삶입니다.

톨스토이는 그의 작품 '안나 카레리나'를 통해 우리에게 소중한 깨달음을 던져 주었습니다. "내게 무슨 일이 일어나든 그것은 결코 내게 무의미하지 않을 것이다."

내게 기쁜 일이 일어날 수도 있고 슬픈 일이 일어날 수도 있지만 그것이 어떤 것이든 내게 소중한 깨달음을 줄 것이라는 뜻이겠지요. 우리의 마음 깊은 곳에 새겨 두어도 좋을 듯합니다. 한 치 앞도 바라볼 수 없는 게 우리의 현실이기 때문입니다.

이번 개정판을 통해 새 옷을 입은 〈연탄길 1, 2, 3〉이 독자들에게 새로운 의미로 다가갈 수 있기를 소망할 뿐입니다. 오랜 시간 동안 〈연탄길 1, 2, 3〉을 사랑해 주신 독자들께 깊은 감사의 마음을 전합니다.

이 책의 시작부터 지금까지 보잘것없는 저를 인도해 주신 하나님 감사합니다.

2016년 배롱나무꽃 필 무렵 이철환

차례

06 / 작가의 말

24 / 애플빵

30 / 세월은 흘러가도 사랑은 시들지 않는다

35 / 참외와 두유

37 / **비가 온 다음 날이면**

38 / 아버지의 훈장

44 / 민들레 할머니

46 / **꽃집 주인은 기뻤을까?**

48 / 세상에서 가장 아름다운 꽃들

56 / 딸의 결혼식

61 / **교회 가는 길**

63 / 아이의 발자국

66 / 멸치

71 / **행복한 지하철**

73 / 캄캄한 밤에도 하얀 눈 내리듯

74 / 연분홍 치마가 봄바람에

82 / **야옹이와 찍찍이**

83 / 사랑은 자동차보다 빠르다

89 / 선생님의 눈물

93 / **거미와 사내**

94 / 이름 없는 편지

103 / 침묵의 기도

109 / 찔레꽃

112 / **굽 낮은 신발**

113 / 꼬순아, 정말 잘 됐어

118 / 아주 특별한 선물

123 / 선생님, 너무너무 사랑해요

128 / **불평**

130 / 할머니의 밥그릇

135 / 어느 특별한 강연

138 / **생각에 못을 박지 말자**

139 / **엄마**

142 / 엄마를 기다리는 아이

146 / 거울

149 / **초대장**

154 /	낙타 할아버지는 어디로 갔을까
160 /	해바라기
163 /	**막차**
164 /	소중한 선물
168 /	너를 사랑한다 말할 때까지
175 /	내 짝꿍 용배
180 /	**봄을 배달하는 할아버지**
181 /	**엄마는 감자꽃이다**
182 /	**어두워야만 빛나는 것들이 있다**
192 /	꽃이 피는 날에도, 꽃이 지는 날에도
198 /	눈 치우는 할아버지
202 /	**나의 선생님**

애플빵

영수는 감기를 심하게 앓았다. 학교에도 못 가고 온종일 방 안에만 누워 있었다. 엄마가 떠 주는 밥도 목구멍으로 넘어가지 않았다. 온종일 물만 마셨다.

저녁 무렵, 정신이 들었다. 갑자기 빵이 먹고 싶어졌다. 당장에라도 엄마한테 빵을 사 달라고 조르고 싶었다. 엄마에게 그럴 만한 여유가 없다는 것을 영수는 알고 있었다.

영수는 어린 마음에 빵을 먹을 수 있는 묘안(?)을 떠올렸다. 텔레비전 광고에 나오는 노래를 부르면서 엄마한테 빵이 먹고 싶은 마음을 넌지시 말하는 것이었다. 영수는 노래를 불렀다.

"사과는 맛있어~ 맛있으면 애플빵~ 애플빵은 서울빵~."

영수는 쉬지 않고 거의 네 시간 동안 그 노래를 불렀다. 엄마는 빵 대신 회초리를 들었다.
"네가 지금 왜 맞는 줄 알지?"
"엄마가 돈 없는 줄 알면서 빵 사 달라고 졸라서요."
영수는 잔뜩 겁먹은 목소리로 울먹울먹 말했다.
"아니야. 너는 아직 어리니까 빵을 조를 수도 있어. 하지만 손님 계신데 그러면 엄마가 얼굴을 들 수 없잖아. 자식 잘못 가르쳤다고 얼마나 흉보겠니?"
"……."
영수는 엄마에게 종아리를 맞았다.
매를 맞고 자리에 누워서도 눈물이 그치질 않았다. 엄마가 너무나 미웠다.
엄마는 몸이 아파 밤만 되면 신음했다. 엄마의 가파른 신음소리도 그날 밤은 들리지 않았.

며칠 후, 영수 엄마가 다리를 절룩거리며 녹슨 대문을 열고 들어섰다. 엄마 얼굴 한쪽에 가지색 피멍이 들어 있었다. 목도 잘 가누지 못했다. 엄마는 웃으며 영수 형제에게 애플빵 하나씩을 나눠 주었다.

"어서 먹어라. 우리 막내 이 빵 먹고 싶어했잖아."

종아리엔 매 맞은 자국이 남아 있었지만, 어린 영수는 기뻐 시시덕거렸다. 엄마는 빵과 함께 돼지고기도 사 왔다. 그날 저녁 영수는 몇 달 만에 고기를 먹었다. 너무 행복했다.

세월이 흘러 영수가 중학생이 되었다. 엄마는 마음속에 꼭꼭 감추어 두었던 오래전 이야기를 해 주었다.

"우리 막내한테 애플빵 사다 주던 날 기억하니? 사실은 그날 길에서 넘어져서 다친 게 아니었어. 버스를 타고 집에 오는데, 버스기사가 급정거를 하는 바람에 넘어졌던 거야. 넘어지면서 의자에 얼굴을 부딪쳤거든."

엄마는 조금은 쓸쓸한 표정으로 잠시 사이를 두었다가 다시 말을 이었다.

"운전기사는 자신의 부주의 때문이라며 버스 회사가 있는 종점까지 엄마를 데리고 갔어. 담당자한테 말해서 엄마를 병원에 데려가려고 했거든. 엄마가 간곡히 부탁을 했지. 병원에 가지 않아도 되니까 돈을 조금만 달라고 말이야. 그랬더니 병원에 꼭 가라고 돈을 조금 내주더구나. 그 돈으로 너희들 먹일 빵하고 고기 사 가지고 온 거야. 그렇게라도 빵을 먹일 수 있어 얼마나 기뻤는지 모른다."

엄마의 두 눈이 붉게 노을 져 있었다.

"왜 그러셨어요, 엄마! 그때 엄마, 얼굴을 많이 다쳤던 것 같은데."
"몸이야 아팠지. 하지만 너도 나중에 부모가 되면 알게 될 거야. 자식이 먹고 싶어 하는 빵 하나 사 줄 수 없을 때, 부모는 그게 더 아프다는 걸……."

느릿느릿 말하는 엄마 눈에 물빛 무늬가 새겨졌다. 엄마의 마음을 다 헤아릴 수는 없었지만 영수도 고개를 숙이고 있었다.

부모는 자신의 아픔으로 자식에게 사랑을 가르친다.

세월은 흘러가도
사랑은 시들지 않는다

도시 재개발로 들꽃 같은 산동네 집들이 하나하나 쓰러졌다. 포클레인 기어가는 소리에 사람들은 쓰라린 기억들을 가슴에 주어 담고 하나씩 정든 대문을 나섰다.

혼자 사는 할머니와 할아버지들을 위한 복지시설이 산동네 아래 들어섰다. 다섯 칸 방에서 할머니 할아버지들이 함께 생활을 했다. 그런데 이게 웬일인가. 할머니와 할아버지들 사이에 사랑의 삼각관계가 벌어진 것이다.

김치순 할아버지와 아삼륙 장 씨 할아버지가 오드리 햅번 뺨치는 미모의 이복순 할머니를 놓고 사랑싸움을 벌인 것이다. 싸움은 장 씨 할아버지의 완승이었다. 사랑의 여신 아프로디테는 장 씨 할아버지의 두 손을 번쩍 들어 주었다.

짝사랑하던 이복순 할머니를 빼앗긴 김치순 할아버지는 온종일 죽상이다.

"이복순이…… 네가 나에게 상처를 줘."

순금처럼 단단했던 시절을 떠올리며 움푹 꺼진 할아버지 눈가엔 눈물까지 그렁 맺혔다.

벚꽃 화사한 어느 봄 날, 김치순 할아버지의 연적(戀敵), 장 씨 할아버지는 눈치도 없이 이복순 할머니를 데리고 꽃구경을 다녀왔다. 장 씨 할아버지가 득의만만한 미소를 지으며 마당에 들어서는 순간, 큼지막한 요강 하나가 마당으로 휙 날아왔다.

'쨍그랑'

분을 이기지 못한 김치순 할아버지가 냅다 요강을 들어 마당으로 던져 버린 것이다. 곱다시 피어난 생강나무 꽃이 깜짝 놀라 뒤로 자빠졌다. 다섯 살 아래 장 씨 할아버지는 이에 질세라 어깨까지 곱송그리며 맵게 쏘아붙였다.

"아니 보자보자 하니까, 이 성님 너무하시네."

"뭐가 너무해, 이놈아."

"왜 애먼 요강을 던지고 그래요. 요강 던질 힘 있으면 텃밭에 나가 호박 구덩이나 하나 더 팔 일이지."

"이놈아, 호박 구덩이 팔 힘 있으면 네 놈을 죽사발로 만들겠다. 이놈아, 내가 핫바지로 보이냐? 네놈이 한 짓을 내가 다 훤히 꿰고 있어. 이놈아……."

불쾌하게 낮술에 취한 김치순 할아버지 머리 위로 뜨거운 김이 모락모락 피어올랐다. 떠름한 낯빛의 장 씨 할아버지는 그 기세에 눌려 금세 꼬리를 내렸다. 우두망찰 서 있던 이복순 할머니도 남우세스러웠는지 불그죽죽한 얼굴을 흔들며 방 안으로 홀랑 들어가 버렸다.

"사나운 꼴 보느니 내 차라리 죽는 게 낫지."

김치순 할아버지는 그날로 단식을 선언했다. 단식은 보름이 넘도록 계속되었다. 옹고집 할아버지를 뜯어 말릴 사람은 아무도 없

었다. 사람들은 혀를 내두르며 김 씨 할아버지 근처에 얼씬도 하지 않았다. 할머니들의 수군거리는 소리도 마당에서 들려왔다.

"저러다 쓰러지고 말 거구먼. 참말로 딱한 양반일세."

"봄에는 조쌀해 봬도 강단은 있는가 보네. 보름을 물만 먹고도 저렇게 멀쩡하니 말이야."

하지만 그 속내를 누가 알았겠는가. 하루 두 번, 남몰래 맛난 김밥을 나르는 손길이 있었으니, 김치순 할아버지가 눈길 한번 주지 않았던 박점순 할머니였다. 코 밑 사마귀 실룩거리며 선득선득한 웃음이 매력적인 박점순 할머니는 쌈짓돈 다 털어 김 씨 할아버지를 위해 하루 두 끼 맛난 김밥을 준비했다는데……. 세월은 흘러가도 사랑은 시들지 않는 모양이다.

참외와 두유

강현 씨의 제자 종민이와 장호가 집에 왔다. 그들은 지난 시간을 이야기하며 점심을 맛있게 먹었다. 점심을 먹고 나서 함께 뒷산에 올랐다. 풀벌레 울음소리 가득한 산길을 걸으며 그들은 문학과 꿈을 이야기했다. 나부룩하게 피어 있는 비비추 얼굴도 가만가만 어루만져 주었다.

강현 씨의 제자들은 밤 9시가 조금 지나 돌아갔다. 강현 씨는 그들을 배웅하고 집으로 돌아와 베란다 문을 열었다. 종민이가 사 온 참외 상자와 장호가 사 온 두유 상자가 보였다. 강현 씨는 괜스레 눈물이 나왔다.

강현 씨는 참외를 반으로 나누었다. 두유도 반으로 나누었다.

다음 날, 강현 씨는 김밥, 떡, 참외, 두유를 바리바리 싸 들고 무의탁 할머니들이 살고 있는 곳으로 갔다. 그곳에 살고 있는 할머니들은 언제나 따뜻하게 강현 씨를 맞아주었다. 강현 씨는 김 씨 할머니의 야윈 손을 잡고 말했다.

"할머니, 저의 제자들이 제 딸아이 먹으라고 참외도 사 오고 두유도 사 왔어요. 음악을 공부하는 종민이는 새벽 5시 30분이면 잠에서 깨어나 신문을 돌린 돈으로 이 참외를 사 온 거구요. 교사 시험을 준비하는 장호는 학원에서 점심 사 먹을 돈으로 이 베지밀을 사 온 거예요. 저 혼자 먹을 수 없어서 가져왔어요. 제자 아이들은 꿈도 많고 할 일도 많은 아이들이에요. 할머니는 매일 새벽마다 성당 나가시잖아요. 할머니……, 저의 제자 장호가 훌륭한 선생님이 되게 해 달라고 기도해 주세요. 저의 제자 종민이가 훌륭한 음악가가 되게 해 달라고 기도해 주세요."

김 씨 할머니는 귀가 어두워 강현 씨가 하는 말을 하나도 들을 수 없었다. 하지만 할머니는 가만가만 고개를 끄덕였다. 사랑은 말로 하는 게 아니었다. 사랑은 귀로 듣는 게 아니었다. 사랑은 가슴으로도, 눈빛으로도 환하게 느낄 수 있는 거였다.

비가 온 다음 날이면

우리 동네엔 달팽이가 많다. 비가 온 다음 날이면 숲속에 있던 달팽이들이 길 위로 걸어 나온다. 달팽이들은 사람들 신발에 죽기도 하고 자동차 바퀴에 죽기도 한다. 비가 온 다음 날이면 달팽이를 살리기 위해 나는 열 번도 넘게 집 밖으로 나간다. 길 위로 나와 있는 달팽이들을 얼른 주워 숲속으로 돌려보낸다.

어떤 날은 "여기 있으면 안 돼. 엄마가 집에서 기다리고 있잖아."라고 말한다.
어떤 날은 "여기 있으면 안 돼. 아가가 집에서 기다리고 있잖아."라고 말한다.

달팽이를 살려 주는 것이 내게는 기도나 마찬가지다. 달팽이를 살려 주면서 우리 엄마 아프지 않게 해 달라고 나는 늘 기도한다. 달팽이를 살려 주면서 딸 아이들이 건강하게 자라게 해 달라고 나는 늘 기도한다. 그래서 비가 온 다음 날이면 나는 온종일 달팽이로 기도한다.

아버지의 훈장

 등 뒤에서 엄마의 울음소리가 들려왔다. 민호는 서둘러 방을 뛰쳐나왔다. 허구한 날 술만 마셔대는 아빠를 견디지 못하는 날이면 민호 엄마는 늘 그렇게 울었다. 술 단지 속 매실처럼 얼굴 가득 술이 절어 있는 아빠가 민호는 너무 미웠다. 민호 아빠가 살갑게 대해 주는 건 장남인 민호뿐이었다.

 민호 아빠는 6·25 참전 용사다. 소대장이었던 민호 아빠는 민호를 무릎 위에 앉혀 놓고 6·25 때 이야기를 해 주었다. 민호는 또랑또랑한 눈을 빛내며 아빠의 말에 귀를 기울였다.

 "민호야, 아빠는 전쟁 때 여러 번 죽을 뻔했거든. 그때마다 용감하게 싸워서 적들을 물리쳤어."

"아빠도 그러면 총을 쏴 봤어요?"

"그럼. 아빠가 용감하게 총을 쏴서 수도 없이 적들을 물리쳤지. 아빠 엉덩이에 총 맞은 거 민호 너도 봤지?"

"네."

"아빠는 하마터면 죽을 뻔했거든."

전쟁 이야기를 할 때마다 민호 아빠는 진지해졌다. 뭐라 말할 수 없는 쓸쓸함이 퀭한 눈 속에 담겨 있었다.

한때는 민호도 아빠의 용감한 모습을 자랑스러워했다. 하지만 시도 때도 없이 술을 달고 사는 아빠의 모습이 점점 싫어졌다.

초등학교를 졸업하고 서울에 있는 중학교에 입학하게 된 민호는 고모 집에서 생활해야 했다. 집과 떨어져 불편함도 있었지만 마음은 편했다. 아빠의 술타령을 듣지 않을 수 있어 좋았다. 아빠 때문에 마음 아파하는 엄마 모습을 보지 않을 수 있어 숨통이 트이는 것만 같았다.

민호는 엄마가 그리워 일주일에 한 번 기차를 타고 집으로 왔다. 아빠는 민호를 끌어안고 기뻐했지만 지독한 술 냄새가 민호는 너무 싫었다. 아빠는 민호가 서울 고모 집으로 돌아갈 때면, 종종 민호와 함께 기차를 타고 서울까지 동행했다. 기차 안에서 아빠는 안주도 없는 술을 마시며 민호에게 이런저런 말을 늘어놓았다.

"민호야, 아빠가 만날 술만 마셔서 너도 속상하지? 어른이 되면 민호 너도 알게 될 거야. 감당할 수 없을 만큼 속상한 일이 생기거든. 아빠는 속상해서 술을 마시는 거야. 아빠는 말이야, 우리 민호가 어른이 되지 않았으면 좋겠구나."

아빠 얼굴은 슬퍼 보였다. 하지만 민호는 아빠의 말소리를 외면하고 빠르게 지나가는 차창 밖 풍경만 바라보고 있었다. 술에 취한 아빠와 함께 기차를 타는 것이 민호는 창피했다. 그렇지만 아빠를 멀리하면 그 불똥이 엄마에게 튈 게 뻔했기 때문에 어쩔 수 없는 노릇이었다.

민호가 중학교를 졸업할 때까지 서울로 가는 기차에 아빠는 자주 동행했다. 술에 절은 아빠를 볼 때마다 민호는 어른이 되면 술을 마시지 않겠다고 수도 없이 다짐했다.

민호는 중학교를 졸업하고 고등학교에 입학했다. 긴 세월 동안 아빠의 유일한 위안이었던 술은 아빠를 쓰러뜨렸다. 아빠는 돌아올 수 없는 곳으로 떠나 버리고 말았다.

아빠가 돌아가신 후, 민호는 엄마를 위로하기 위해 주말이면 기차를 탔다. 기차를 타고 집으로 오는 동안 내내 아빠를 생각했다. 차창 밖 먼 산을 바라보는 민호 눈가에 눈물이 맺혔다.

아빠의 바람대로 민호는 사대를 졸업하고 선생님이 되었다.

민호는 학교에서 단체로 전쟁 영화를 보았다. 월남전을 다룬 영화였다. 영화를 보고 나서 민호는 비로소 아버지를 이해할 수 있었다. 영화 속 주인공의 모습은 아버지의 모습과 닮아 있었다. 주인공은 자신의 조국을 위해 용감히 싸웠다. 많은 적들을 죽인 공로로 국가로부터 훈장까지 받았다. 하지만 한 달도 지나지 않아 그는 정신 분열을 일으켰다. 적을 죽이지 않았다면 자신이 죽었을 거라고 스스로를 위로했다. 하지만 그때마다 자신의 총 앞에서 죽어 간 고통스런 얼굴들이 떠올랐다. 그는 자신을 용서할 수가 없어 매일같이 술만 마셨다. 그는 결국 알코올 중독자가 되고 말았다.

민호는 영화를 보고 나서, 아버지를 고통스럽게 한 게 무엇이었는지를 알게 되었다. 아버지가 왜 그렇게 술을 마셔야 했는지도 이해할 수 있게 되었다. 아버지는 자신의 총 끝에서 고통스럽게 죽어 간 얼굴들을 잊기 위해 오랜 세월 술을 마셔야 했던 거였다.

기차에 앉아 있던 민호는 비어 있는 옆자리를 물끄러미 바라보았다. 장롱 속에 깊이 들어 있던 아버지의 훈장이 생각났다. 파랗게 녹이 내려앉은 훈장을 어루만지며 슬프게 미소 짓던 아버지……

아버지의 손을 따뜻하게 잡아 주지 못한 뉘우침이 자꾸만 눈물이 되어 흘러내렸다.

세상에는 우리가 이해할 수 있는 것보다, 우리가 이해할 수 없는 게 훨씬 더 많다.

민들레 할머니

　한 할머니가 작은 손수레에 헌 종이 박스를 가득 싣고 고물상 쪽으로 걸어가고 있었다. 한여름 무더위에 할머니 얼굴은 벌겋게 달아올라 있었다. 밭이랑처럼 주름진 할머니 이마에는 송골송골 구슬땀이 맺혀 있었다.
　할머니는 잠시 서서 누군가를 물끄러미 바라보았다. 할머니의 시선이 멈춘 곳에 어떤 할아버지가 있었다. 병색이 짙어 보이는 할아버지는 길 한쪽에 누워 잠들어 있었다. 할아버지의 낡은 손수레 위에는 종이 박스 몇 개가 덩그러니 놓여 있었다. 지쳐 잠든 할아버지의 손 위에는 껍질째 먹던 참외가 그대로 놓여 있었다.

할머니는 쯧쯧 혀를 차며 자신이 주워 모은 종이 박스 한 움큼을 집어 들었다. 할머니는 그 종이 박스들을 할아버지의 가벼운 수레 위에 올려놓았다.

작은 사랑을 남겨 두고 할머니는 민들레같이 웃으며 그곳을 떠났다.

들꽃은 아무 곳에나 피어나지만,
아무렇게나 살아가지 않는다.

꽃집 주인은 기뻤을까?

나는 국화를 좋아한다. 내 아내도 국화를 좋아한다. 어느 가을 아내에게 국화를 주고 싶었다. 꽃집이 있는 곳까지 한 시간을 걸어갔다. 가까운 곳에 꽃집이 있었지만 그로부터 몇 달 전 정성을 가득 담아 예쁜 꽃다발을 만들어 주었던 꽃집 주인이 생각났기 때문이다.

꽃집 주인은 내 얼굴을 또렷이 기억하는 듯 했다. 아내에게 줄 꽃이라고, 싱싱한 꽃으로 예쁘게 만들어 달라고 꽃집 주인에게 정중히 부탁했다. 주인은 그날 들어온 꽃이라며 직접 꽃을 골라 주었다. 주인이 꽃다발을 만드는 내내 나는 마음이 불편했다. 지나치게 시든 꽃 때문이었다. 누가 보아도 하루나 이틀이 지나면 버려야할 꽃이었다. 그날 들어온 꽃이라며 주인이 직접 골라 준 꽃을 시들었다고 말할 수도 없었다. 주인에게 꽃이 시들었다고 당당히 말하면 되지 않느냐고 내게 말하는 사람도 있겠지만, 성격상 그렇게 말할 수 없는 사람도 있다. 나는 조금은 언짢은 표정을 지으며 꽃다발을 받아 들고 꽃집을 나왔다.

아무리 들여다봐도 꽃이 마음에 들지 않았다. 나는 길 한쪽에 서서 시든 꽃잎들을 뜯어냈다. 설상가상으로 꽃다발의 모습은 이전보다 형편없이 되어 버렸다. 아무도 몰래 구석진 곳으로 꽃다발을 던져 버리고 싶었다. 아내에게 시든 꽃을 주기 미안했다.

나는 서점으로 가서 파블로 네루다 시집 한 권을 샀다. 아내와 먹으려고 귤도 한 봉지 샀다. 불편했던 마음이 조금은 편해졌다. 다시는 그 꽃집에 가지 않으리라 마음먹었다. 하루나 이틀 뒤면 버려야 할 시든 꽃을 손님에게 팔고 나서 꽃집 주인은 기뻤을까? 꽃 한 다발을 팔려고 손님 한 명을 잃었는데도 기뻤을까?

뜬금없지만 이런 비유를 들어도 좋겠다. 음식의 맛을 결정하는 것은 무엇일까? 이 질문에 대한 대답으로 '신선한 재료'를 꼽는 사람들이 많다. 하지만 신선한 재료를 가지고도 맛없는 음식을 만드는 사람들이 얼마든지 있다. 음식의 맛은 음식을 만드는 사람의 정성으로 결정된다고 말하는 사람들도 있지만 아무리 정성껏 만들어도 맛없는 음식이 있다는 것을 경험해 본 사람들은 이미 알고 있다. 음식의 맛은 손맛이라고, 음식의 맛은 사람의 손끝에서 결정 된다고 말하는 사람들도 있지만 이 말은 지나치게 단순화 되었거나 추상화 된 말이라 애매모호하게 들릴 수도 있다.

음식의 맛을 결정하는 것은 음식을 만드는 사람의 철학이다. 여기에서 의미하는 철학은 음식을 만드는 기술과 정성 및 음식의 재료를 선별하는 방식과 음식을 대하는 태도, 아울러 음식을 먹는 사람의 마음까지를 섬세히 배려하는 총체적인 단어일 것이다. 같은 재료를 사용하고 같은 비용의 시설 투자와 광고를 했음에도 불구하고 '대박 집'과 '쪽박 집'으로 나뉘는 가장 중요한 요소는 바로 '진정성'이 담겨 있는 '음식에 대한 철학'일 것이다.

세상에서
가장 아름다운 꽃들

정희 씨는 베란다 창문을 활짝 열었다. 따사로운 봄 햇살이 정희 씨 얼굴을 어루만졌다. 정희 씨는 꿉꿉한 이불을 하나하나 창가에 널며 아들 진호에게 말했다.

"진호야 이젠 봄이구나. 너무 따뜻하다, 그치?"

"응, 좋아."

"우리 진호 생일이라서 날씨가 좋은가?"

"엄마, 지금 빨리 문방구에 가서 로봇 사 줘. 내 생일날 엄마가 로봇 사 준다고 약속했잖아."

"그래, 로봇 사 줄게. 근데 태호가 자고 있으니까 지금은 안 돼."

"태호 자니까 빨리 문방구에 갔다 오면 되잖아."

"진호야, 잠들었다고 어린 동생을 혼자 두고 나갈 수는 없지 않니? 그사이에 태호 깨서 울면 어쩌려고."

정희 씨는 달래듯 진호에게 말했다. 동생만 사랑해 준다고 늘 샘을 내던 진호는 금세 볼멘소리가 되었다.

"엄마는 만날 태호만 좋아해. 나는 하나도 안 좋아하고."

정희 씨는 진호의 말에 가슴이 철렁했다.

"아냐, 진호야. 엄마가 우리 진호를 얼마나 사랑하는데."

"그럼 빨리 로봇 사 줘. 내가 어제 문방구 아저씨한테 물어봤는데 그 로봇이 하나밖에 안 남았대. 다른 사람이 먼저 사 가면 어떻게 해. 빨리 사 줘."

정희 씨는 무작정 보채는 진호를 달래 보려 했지만 진호는 막무가내였다. 다른 날도 아니고 아이의 생일날 상처를 줘서는 안 된다는 생각이 들었다. 잠자는 동생 곁에 진호를 두고 가자니 진호가 원하는 로봇이 어떤 것인지 정희 씨는 알 수 없었다. 일곱 살밖에 되지 않은 진호 손에 큰돈을 들려 문방구에 혼자 보낼 수도 없는 노릇이었다.

정희 씨는 잠자는 태호를 혼자 남겨 두고 진호와 함께 집을 나섰다. 십 분이면 다녀올 수 있는 거린데, 그사이에 태호가 깨지 않을 거라고 정희 씨는 생각했다.

로봇을 손에 들고 문방구를 나오는 진호는 콧구멍까지 벌쭉 벌어졌다. 너무 좋아 쿡쿡 웃고 있는 아이 얼굴을 바라보며 정희 씨 얼굴에도 봄꽃이 피어났다.

"진호야, 엄마 아빠가 태호만 예뻐하는 게 아냐. 태호는 아직 어리니까 더 많이 보살펴 줘야 하거든. 우리 진호도 엄마 마음 알지?"

"엄마, 나는 태호가 미울 때가 많아. 옛날엔 만날만날 나만 안아 줬는데 지금은 태호만 안아 주잖아."

"엄마가 그랬나? 미안해, 진호야. 앞으로는 우리 진호도 많이 안아 줄게. 우리가 잘못했어."

정희 씨는 진호에게 미안한 마음이 들었다.

정희 씨는 진호 손을 꼭 잡고 연립 주택 골목을 털레털레 들어섰다. 그런데 그 순간 눈뜨고 볼 수 없는 광경이 정희 씨 눈앞에 펼쳐지고 있었다. 정희 씨가 살고 있는 연립 주택 3층 창문 밖에 다섯 살 된 태호가 매달려 울고 있었다.

정희 씨는 그 자리에 주저앉고 싶었.

태호는 베란다 밖으로 나와 있는 화분 받침대의 쇠파이프를 간신히 붙들고 있었다. 태호는 창문 아랫벽에 나 있는 작은 틈 사이로 발 한쪽을 끼우고 가까스로 힘겹게 버티고 있었다. 태호는 두려

움에 떨고 있었다.

　동네 아주머니가 정희 씨를 보고 다급하게 소리쳤다.

　"태호 엄마. 저걸 어째⋯⋯. 태호가⋯⋯."

　정희 씨는 마음을 가라앉히고 자신의 검지를 세워 입에 갖다 댔다. 아무 말도 하지 말라고 아주머니에게 신호를 보냈다. 엄마가 아래에 있다는 것을 알면 태호가 잡고 있는 손을 놓아 버릴지도 모른다는 생각이 들었다.

　"태호 엄마, 태호가 외벽 틈새에 발 한쪽을 의지하고 있으니까 빨리 들어가면 끌어올릴 수 있을 거야."

　정희 씨는 아주머니와 진호에게 태호 이름을 부르지 말라고 다시 한 번 당부하고는 계단을 뛰어오르기 시작했다. 3층 계단을 단숨에 뛰어올라가 대문에 열쇠를 끼웠다. 정희 씨는 부들부들 손을 떨고 있었다. 대문을 열고 거실로 들어갔을 때, 창밖 화분대에 매달려 있는 태호의 머리가 보였다. 베란다에는 태호가 딛고 올라선 식탁 의자가 보였다. 잠에서 깨어난 태호가 창밖으로 엄마가 오는 걸 보려고 식탁 의자를 베란다까지 끌고 나갔던 거였다.

　정희 씨는 신발을 신은 채 거실로 들어섰다. 석고상처럼 몸이 굳는 것 같았다. 무시무시한 공포로 눈앞이 흐렸다. 정희 씨는 태호를 안심시키기 위해 미소를 지으며 태호 쪽으로 다가갔다.

"태호야, 엄마가 가서 안아 줄게. 꼭 붙들고 있어, 알았지?"

엄마의 목소리를 들은 태호는 떠나갈듯 더 큰 소리로 울기 시작했다.

정희 씨는 한 걸음 한 걸음 태호가 매달려 있는 쪽으로 다가갔다. 거의 다가가 태호의 손을 낚아채려는 순간 태호는 찢어질 듯 비명을 지르며 창밖 아래쪽으로 떨어지고 말았다. 태호의 비명 소리에 정희 씨는 잠시 정신을 잃었다.

정희 씨는 온몸을 떨며 태호가 떨어진 창밖을 내려다보았다. 태호의 울음소리가 아래쪽에서 들려왔다. 119 구조대의 모습도 보였다.

"태호야…… 태호야……."

정희 씨는 미친 듯이 태호 이름을 부르며 계단을 뛰어 내려갔다.

3층에서 떨어진 태호는 구조대원의 품에 안겨 울고 있었다. 태호는 얼굴 한쪽에 피멍이 들어 있었고, 오른쪽 팔을 잘 가누지 못했다. 정희 씨는 태호를 끌어안았다.

"우리 태호, 괜찮아? 우리 태호 정말 괜찮은 거지?"

가까이에서 울고 있던 진호가 고개를 푹 떨군 채 정희 씨에게 다가 왔다. 진호는 눈물이 범벅 된 얼굴로 엄마를 끌어안았다.

"엄마, 미안해. 나 때문에……."

"괜찮아, 진호야. 괜찮아……."

정희 씨는 태호를 안고 119 구급차에 올라탔다. 서둘러 근처 병원으로 갔다. 다행스럽게도 태호는 오른쪽 팔꿈치에 금이 갔을 뿐 다른 곳은 다치지 않았다. 팔에 깁스를 하고 며칠 동안 안정을 취하면 좋아질 거라고 담당 의사가 말했다.

정희 씨는 그제야 마음 놓고 울 수 있었다. 후회와 안도감으로 목이 막혀 왔다.

태호가 무사할 수 있었던 건 동네 아주머니들과 진호의 사랑 때문이었다. 진호는 급한 마음에 윗집, 아랫집, 옆집에 사는 아주머니들을 모두 다 불러냈다. 아주머니들은 장롱 속에 있는 두터운 솜이불을 몇 개씩 가지고 나왔다. 태호가 떨어진 땅바닥 위에는 열 개도 넘는 솜이불이 두텁게 쌓여 있었다. 태호는 솜이불 위에 다리부터 떨어져서 무사할 수 있었다. 태호를 살린 건 이웃 아주머니들의 사랑이었다.

화창한 봄날, 개나리, 진달래보다 더 아름다운 꽃들이 피어났다. 빨간색, 분홍색, 연두색, 노란색, 자주색…… 형형색색의 '이불 꽃'들이 도시의 메마른 땅 위에 봄꽃보다 사랑스럽게 피어났다.

세상에서 가장 아름다운 꽃은 인간의 사랑이다.

딸의 결혼식

기영 씨는 외동딸 선영의 결혼 문제로 온종일 머리가 아팠다. 선영이 결혼하겠다고 하는 남자가 기영 씨 마음에 차지 않았다. 딸이 불행해질 거라고 생각했다. 타일러도 보았고 으름장도 놓았지만 선영의 마음은 돌처럼 꿈쩍도 하지 않았다.

"기어코 그 친구와 결혼하겠다면 너는 더 이상 내 딸이 아니다. 아빠도 지쳤으니까 이제 네가 알아서 해라."

"아빠, 전에도 말했지만 그 사람은 사고로 부모님을 잃은 거예요. 부모님 없는 게 그 사람 잘못은 아니잖아요. 가난하고 아픔도 많지만 착한 사람이에요. 허락해 주세요, 아빠……."

"더 이상 할 말 없다. 네 뜻대로 하겠다면 이제부터 나는 네 아빠도 아니고 결혼식에 갈 이유도 없다."

가슴을 찌르는 말에도 선영은 침착했다.

"아빠, 저를 한번 생각해 보세요. 엄마 없이 지금껏 자랐지만 아빠가 이렇게 잘 키워 주셨잖아요. 엄마 없다고 다른 사람들이 저를 무시한다면 아빠 마음이 얼마나 아프겠어요."

선영은 간절한 눈빛으로 말했다. 하지만 그녀의 말이 채 끝나기도 전에 기영 씨는 목청을 돋우며 말했다.

"그것 때문에 아빠가 더 반대하는 거란 말이야. 선영이 네가 엄마 없이 자랐기 때문에, 네 신랑만이라도 부모 사랑을 듬뿍 받은 사람이기를 바랐다. 그래야 너의 빈곳을 채워 줄 수 있을 테니까 말이야."

"그 사람 아주 착해요. 아빠처럼 정도 많은 사람이고요."

"듣기 싫다. 너하고 이제 더 이상 말씨름하고 싶지 않다."

기영 씨는 숨을 몰아쉬며 방을 나가 버렸다.

선영은 그 후로 아빠를 여러 차례 설득했다. 하지만 아빠의 마음을 바꿔 놓을 수가 없었다. 선영은 결혼 승낙을 받지 못한 채 아픈 마음으로 결혼식을 올려야 했다.

결혼식장은 경기도 변두리에 있는 작은 교회였다. 결혼식 날 아침부터 장맛비가 계속 내렸다. 빗줄기는 교회 화단에 피어 있는 예쁜 꽃들의 얼굴을 사납게 두들겨 댔다. 식장 어느 곳에도 기영 씨 얼굴은 보이지 않았다.

아빠가 참석하지 않은 결혼식장에서 선영은 내내 눈물을 흘렸다. 아빠의 모습이 흑백 영화의 필름처럼 선영의 머릿속을 스쳐 지나갔다.

삼십 분도 안 돼 쓸쓸한 결혼식은 끝났다. 하객들에게 인사를 마치고 선영이 승용차에 오르려 할 때였다. 멀리서 비를 맞으며 일하고 있는 사람이 선영의 눈에 들어왔다. 빗물에 흠뻑 젖은 양복을 입고 일을 하는 사람은 선영의 아빠였다. 선영의 아빠는 화단 옆에 있는 흙을 삽으로 파냈다. 삽 가득 흙을 떠서 빗물이 고여 있는 진흙길 위에 골고루 뿌리고 있었다. 선영은 웨딩드레스를 입은 채로 우산도 없이 아빠에게 달려갔다.

"아빠, 비 맞으면 감기 들잖아요."

선영은 기어 들어가는 목소리로 아빠에게 말했다.

"못된 놈 같으니라구. 감기 걱정하는 놈이 아비 마음을 이렇게 아프게 하냐."

"죄송해요, 아빠······."

"저리 비켜라. 손님들 나오기 전에 일 빨리 끝내야 하니까. 결혼 축하해 주러 온 것도 고마운데, 손님들 신발을 진흙으로 버리게 해서야 쓰겠냐?"

"아······ 아빠, 고마워요."

선영의 눈가를 타고 눈물 한 줄기가 흘러내렸다.

"녀석, 울기는. 잘 살아야 한다. 신혼여행 잘 다녀오고. 그리고 이거 받아라."

딸의 결혼식을 위해 틈틈이 부어 두었던 통장이었다. 성큼성큼 걸어가는 아빠의 뒷모습을 보며 선영은 빗줄기 속에 서 있었다. 아빠의 얼굴 위로도 눈물 한줄기가 흘러내리고 있었다.

교회 가는 길

늦잠을 잤다. 예배 시간에 늦은 탓에 나는 걸음을 서둘렀다. 교회로 가는 길, 붉게 녹슨 대문 앞에 한 할머니가 처연히 앉아 있었다. 할머니 앞에 작은 수레가 놓여 있었고, 할머니가 주워 모은 듯 한 낡은 종이박스가 작은 수레에 수북이 쌓여 있었다. 스무 살쯤 돼 보이는 여학생 한 명이 근심스러운 표정을 지으며 할머니 앞에 서 있었다. 무언가 사연이 있는 듯 보였지만 나는 못 본 채 그들을 지나쳤다. 예배 시간에 늦었기 때문이다.

등 뒤에서 여학생의 목소리가 들렸다. 나는 걸음을 멈췄다.
"저기요. 할머니가 집에 들어가셔야 하는데요. 문이 잠겼데요. 저도 길을 지나다 할머니를 우연히 만났어요. 어떡하죠?……"
할머니와 함께 있던 여학생이 높은 담장을 올려다보며 내게 말했다. 담장 너머로 늙은 대추나무의 꼭대기가 보였다.

나는 망설임 없이 들고 있던 가방을 굳게 닫힌 대문 앞에 내려놓았다. 마음을 단단히 먹은 뒤 나는 그 자리에서 열 걸음 정도 뒤로 물러섰다. 힘차게 도움닫기를 했고 높은 담 위로 새처럼 날아올랐다. 나는 담장 한쪽 벽면에 한 발을 걸치고 나서 할머니와 여학생을 보고 씨익 웃었다. 앞니 빠진 할머니도 나를 보며 호물호물 웃었다. 나는 곧바로 담을 넘은 뒤 장독을 지그시 밟고 마당으로 사뿐히 뛰어내렸다. 환하게 웃으며 녹슨 대문을 열었다. 할머니와 여학생이 나를 보고 방긋이 웃었다.

"할머니, 이제 들어가세요. 저 가 보겠습니다. 예배드리러 가는 중인데 늦었어요."

"아니에요. 아니에요. 잠깐만 기다려 봐요……."

할머니가 손사래를 치며 내게 말했다. 할머니는 바지에서 곶감 크기만 한 동전지갑을 꺼냈다. 낡은 지갑이었지만 지갑 위에 수놓아진 연분홍빛 나비 한 마리가 금방이라도 하늘로 날아오를 것만 같았다.

"이걸로 과자 사 먹어요. 너무 고마워서……."

할머니는 나에게 오백 원짜리 동전 네 개를 건넸다.

"아니에요, 할머니……. 과자 많이 먹고 왔어요. 정말 괜찮습니다."

나는 할머니를 향해 꾸벅 인사를 하고 서둘러 교회를 향해 걸어갔다. 교회로 가는 동안 내내 할머니가 내어 준 오백 원짜리 동전들이 생각났다. 이유는 알 수 없었지만 자꾸만 눈물이 나왔다.

아이의 발자국

한 할머니가 전동차 안에서 초콜릿을 팔고 있었다. 비에 젖은 할머니 몸에서 퀴퀴한 냄새가 났다.

나무껍질같이 벗겨진 할머니의 손바닥 위에 초콜릿 몇 개가 놓여 있었다. 어린아이가 엄마를 조르며 칭얼대기 시작했다.

"초코렛…… 초코렛……."

"이따가 엄마가 나가서 사 줄게. 보채지 말고 가만있어."

아이 엄마는 혼내듯 아이에게 말했다. 아이는 입을 실룩거리더니 떠나갈 듯 소리치며 울어 댔다.

"으아앙!"

"알았어, 알았어. 초코렛 사 줄 테니까 빨리 뚝 해, 빨리!"

아이 엄마는 지갑을 꺼냈다. 울음을 그친 아이의 눈에는 눈물이 그렁그렁했다.

"초코렛 하나만 주세요."

샐쭉한 표정을 짓고 있던 아이 엄마가 할머니에게 돈을 내밀었다.

"네네, 드려야지요."

할머니는 머리를 조아리며 아이 엄마에게 초콜릿 한 개를 건네주었다.

아이 엄마는 할머니가 건네준 초콜릿이 불결하다고 생각했다. 아이 엄마는 시트에 초콜릿을 닦았다. 그리고 초콜릿 한 조각을 잘라 아이 입에 넣어 주었다.

아이는 초콜릿을 오물오물 씹으며 해죽해죽 웃었다.

잠시 후, 아이 엄마는 아이를 업으려고 아이를 시트 위로 번쩍 들어 올렸다. 아이는 신발을 신고 있었다. 출입문이 열리자 그들은 서둘러 나가 버렸다.

아이를 올려놓았던 푸른 시트 위에 빗물 젖은 아이의 흙 발자국 두 개가 찍혀 있었다.

"아이구 이런! 사람들이 앉을 자린데 옷들 다 버리겠네……."

초콜릿을 팔던 할머니는 시트 위에 나란히 새겨진 아이의 흙 발자국을 맨손으로 닦아 내고 있었다.

아이 엄마는 할머니의 손이 불결하다고 생각했다. 하지만 할머니는 그 손으로 전동차 시트 위에 흉하게 묻어 있는 아이의 흙 발자국을 아무렇지도 않게 닦아 냈다.

멸치

 병호 씨 부부는 모처럼 영화를 보기로 했다. 그런데 약속 장소가 어긋나 극장 앞에서 다투게 되었다. 화가 난 병호 씨는 홧김에 먼저 집으로 가 버렸다.
 "그렇다고 혼자 집으로 가 버리면 어떡해요. 소정이 생각도 해야지요. 소정이가 얼마나 운 줄 알아요?"
 "당신은 아직도 뭘 잘못했는지 몰라? 추운 데서 사람을 그렇게 오랫동안 기다리게 했으면 미안한 마음을 가져야지. 영화 시작할 시간은 다 돼 가는데 사람은 오지 않고……. 내가 얼마나 애간장 태운 줄 알아?"
 병호 씨는 목울대를 잔뜩 세우며 아내에게 말했다.

"당신이 그랬잖아요. 매표소 앞은 사람들이 많다고 건너편 편의점에서 만나자고. 약속 장소가 서로 어긋난 거지, 내가 약속 시간에 늦은 건 아니잖아요. 핸드폰으로 몇 번이나 연락했는데……. 연락이 안 돼서 음성까지 남겼다고요."

"핸드폰을 회사에 두고 온 걸 어떡해. 약속 장소는 분명히 극장 매표소 앞이었다구. 기억 안 나?"

"나는 분명히 편의점 앞이라고 들었는데……."

식탁에 앉아 멸치를 다듬던 병호 씨 아내는 고개를 갸웃거렸다.

"그만두자고……. 내가 참아야지."

시시콜콜 따지던 병호 씨는 아내가 다듬고 있는 멸치 한 마리를 손에 들었다. 병호 씨는 멸치 머리를 손가락으로 뭉개듯 떼어 냈다.

텔레비전 앞에서 영화를 보던 여섯 살 소정이가 식탁 쪽으로 총총총 걸어왔다. 소정이는 고개를 갸우뚱거리며 병호 씨에게 물었다.

"아빠, 근데 멸치 얼굴은 못 먹어?"

"응, 얼굴?"

"지금 아빠랑 엄마랑 멸치 얼굴을 다 떼어 내고 있잖아."

병호 씨는 소정이 말에 큰 소리로 웃었다. 병호 씨 아내도 쿡쿡거리며 웃음을 참지 못했다.

"듣고 보니까 소정이 네 말도 맞다. 눈도 있고 입도 있으니까 얼굴도 틀린 말은 아니네……."

병호 씨는 다시 웃음을 터뜨리더니 소정이를 껴안았다. 귀여운 소정이 얼굴에 쪽쪽쪽 입을 맞추었다.

병호 씨 아내가 소정이에게 장난스레 말했다.

"우리 소정이 멸치 조린 거 좋아하잖아. 그래서 엄마가 지금 멸치조림 만들어 주려고 그러는 거야. 이렇게 큰 멸치는 얼굴까지 먹으면 맛이 쓰거든. 그래서 얼굴을 떼어 내는 거야."

소정이는 빙긋이 웃으며 고개를 끄덕였다.

멸치 머리는 멸치 얼굴이 될 수도 있다. 살아가다 보면 너도 옳고 나도 옳고 모두가 옳을 때도 있다.

행복한 지하철

전동차 문이 열리자 두 아이가 쪼르르 안으로 뛰어 들어왔다.
"어, 자리가 없네."
어린 아이들은 고개를 갸웃거리며 머뭇거렸다. 아이들에게 엄마가 타이르듯 말했다.
"퇴근 시간이라 지금은 자리가 없어. 힘들어도 조금만 참아."

아이들은 심드렁한 얼굴로 지하철 한쪽에 쪼그려 앉았다. 고개를 들고 사뿐히 앉아 있는 아이들의 모습이 채송화 같았다. 온종일 놀이공원에서 뛰어노느라 지친 아이들은 꾸벅꾸벅 졸았다.
한 노신사가 자리에서 일어나며 아이들을 불렀다.
"아가들아, 이리 와서 앉거라. 많이 피곤했던 모양이구나."
아이들은 쪼르르 달려가 노신사가 일어난 빈자리에 나란히 앉았다.
아이들 엄마가 손사래를 치며 말했다.

"아니에요, 할아버지. 할아버지께서 앉으셔야죠. 얘들아, 어서 일어나, 어서."

"놔 두세요. 저는 곧 내려야 하거든요."

"그래도 힘드신데……."

아이들 엄마는 머쓱해진 얼굴로 말했다.

"늙은이 한 사람 대신 피곤한 두 아이가 앉았으면 됐지요."

"요즘 아이들은 저렇게 버릇이 없어요. 죄송해요, 할아버지."

"원, 별말씀을요. 이렇게 하면 아이들에게 양보하는 것도 가르칠 수 있잖아요. 말로만 사랑을 가르치면, 말로만 사랑하거든요."

노신사는 바로 옆, 출입문 쪽으로 자리를 옮겼다.

종점까지 가야 할 노신사는 출입문 한쪽에 몸을 기대고 서서 눈을 감았다.

살며시 눈을 감은 노신사의 얼굴에 웃음이 번지고 있었다.

캄캄한 밤에도
하얀 눈 내리듯

그치지 않는 눈 때문에 우리는 산행을 포기하고 산골 마을로 들어갔습니다.

전기도 없고 가게 하나 없는 곳이었습니다.

할머니 한 분이 외롭게 살고 있었습니다.

할머니가 가져다준 마른 나무로 아궁이에 불을 지폈습니다.

아스라한 추억 속으로 걸어 들어갈 수 있었습니다.

눈을 꼭 감고 눈 내리는 소리도 들었습니다.

눈은 밤새도록 그치지 않았습니다.

캄캄한 밤에도 하얀 눈 내리듯,

어둠 속에서도 희망은 온다고 내리는 눈은 말해 주었습니다.

연분홍 치마가 봄바람에

　승권 씨는 야학 수업을 마치고 짜장면을 시켜 먹으려고 근처 중국집에 전화를 걸었다. 이십분쯤 지나 야학 계단을 내려오는 한 남자의 노랫소리가 들렸다. 남자는 '봄날은 간다'를 아주 구성지게 부르고 있었다.

"연분홍 치마가 봄바람에 휘날리더라~"

　노래가 갑자기 뚝 끊어지더니 한 사내가 야학 교무실로 들어왔다. 사내의 나이는 삼십대 중반쯤으로 보였다. 짙은 눈썹에 오지랖이 넓어 보이는 동글동글한 얼굴은 만화 주인공 '짱구'를 쏙 빼닮았다. 승권 씨는 그의 얼굴을 보고 하마터면 웃음이 터질 뻔 했다.

"짜장면 시키셨죠?"

"네."

승권 씨는 생게망게한 얼굴로 남자를 바라보았다. 아무리 생각해도 이상했다. 짜장면 배달을 온 사내 손에 철가방이 들려 있지 않았다. 그는 번쩍이는 은빛 철가방 대신 검정색 비닐봉지 하나만을 달랑 들고 승권 씨 앞에 서 있었다. 사내는 해죽해죽 웃으며 검정색 비닐봉지에서 짜장면 그릇 하나를 꺼냈다. 승권 씨는 기가 막혀서 할 말이 없었다. 검정색 비닐봉지로 배달 된 짜장면……. 정말이지 기가 막혔다. 사내는 얼굴 모양을 다분다분 바꾸며 묘한 미소를 짓고 있었다.

"맛있게 드시고, 그릇은 그냥 버리세요."

"켁……."

짜장면 그릇 때문에 승권 씨는 더욱 기가 막혔다. 그가 승권 씨 앞에 내려놓은 짜장면은 스티로폼으로 조잡하게 만들어진 일회용 그릇에 담겨 있었다. 얇디얇은 스티로폼 그릇에 담겨 있는 짜장면은 유통기간 지난 우동처럼 팅팅 불어있었다. 승권 씨는 그에게 한마디 하고 싶었지만 꾹 참고 짜장면 값을 내주었다. 돈을 주머니에 넣고 나서 사내는 마치 첩보영화에 나오는 비밀요원처럼 주위를 살폈다. 그는 짜장면 양념보다 더 느끼하게 웃음 지으며 승권 씨를

향해 속삭이듯 말했다.

"다음엔 꼭 짬뽕을 시켜드시오 잉. 저희 집은 짜장면보다는 짬뽕이 제 맛이지라. 짬뽕이 전문이걸랑요. 크크크."

반죽 좋은 그의 웃음소리를 들으며 승권 씨는 할 말이 없었다. 검정색 비닐봉지에 후들후들한 일회용 그릇, 팅팅 불은 짜장면에 그것도 모자라 짜장면의 맛은 절대 기대하지 말라고 자신에게 당부하는 것 같았다. 사내는 흠흠한 표정을 지으며 교무실 밖으로 나갔다. 사내의 노랫소리가 또 다시 들려왔다.

"연분홍 치마가 봄바람에 휘날리더라~"

잠시 후 노랫소리는 더 이상 들리지 않았다. 승권 씨는 아슬아슬하게 힘을 조절하며 나무젓가락의 양팔을 벌렸다. '뚝' 소리와 함께 나무 부스러기가 하얗게 날렸다. 무지막지한 실패였다. 나무젓가락 하나가 정확히 반쪽만 남았다. 승권 씨는 은근히 화가 났다. 맛있는 국을 쏟고, 뜨거운 국물에 다리까지 데어 버린 꼴이었다. 승권 씨는 턱없이 짧은 반쪽짜리 젓가락을 간신히 손에 쥐고 팅팅 불은 짜장면을 비볐다. 짜장면은 도무지 비벼지지 않았다. 젓가락에 몸을 찔린 면발들은 섞일 생각은 하지 않고 '우리는 하나'라고 소리치며 덩어리째 빙글빙글 돌기만 했다. 승권 씨는 하는 수 없이 군

데군데 덩어리진 짜장면을 밀가루 떡처럼 뜯어 먹었다. 짜장면 그릇을 통째로 들어 쓰레기통으로 던져 버리고 싶은 충동이 일었지만 배가 고파 먹을 수밖에 없었다. 덩어리진 짜장면을 씹으며 승권 씨는 희죽희죽 웃고 있었다. 짜장면을 배달해 준 사내의 장난기 가득한 얼굴이 자꾸만 생각났기 때문이다. 얄미웠지만 왠지 그가 귀엽다는 생각까지 들었다. 짱구를 쏙 빼닮은 그가 한 말이 우스웠다.

"여기가 야학이니께 공부 가르치는 곳 맞지요 잉?"

그의 묻는 말에 승권 씨는 "네"라고만 대답했다.

"그래서 말인디. 나가 우리 마누라 몰래 짜장면 속에 메추리알을 네 개나 짱박아 가지고 왔당께요. 많이 드시고 공부 열심히 가르치시요 잉……. 나가 가방끈은 짧아도 공부 중요한 건 잘 알지라."

그는 말을 끝내자마자 또 다시 느끼한 표정을 지었다. 갠소롬히 눈을 뜨고 목소리까지 잔뜩 깔고 그는 다시 이렇게 말했다.

"선상님 앞에 있는 짜장면이 시방 뭐라고 말하는지 아시요. 잉? '내 안에 메추리알 있다……' 하잖소. 우하하핫……."

면발이 돌돌 뭉쳐진 짜장면을 뜯어 먹는데 승권 씨는 자꾸만 웃음이 나왔다. 그의 썰렁한 개그 때문이었다. 거무튀튀한 짜장면 속에서 통통한 메추리알이 마술처럼 튀어나올 때마다 승권 씨는 그의 말이 생각났다.

'내 안에 메추리알 있다!'

승권 씨가 지금도 그를 생각하는 건 장난기 어린 그의 개그 때문이 아니다. 그가 해 준 그의 어머니 이야기 때문이다.

"선상님, 나는 말이요. 사람들이 짜장면 좋아하는 속을 모르겠소. 내 코는 짜장면 냄새가 절어 그런지 짜장면 소리만 들어도 징그럽지라. 허기사, 우리 엄니 살아계실 때는 엄니 냄새가 그렇게 좋은 건지 몰랐소. 돌아가시기 전에 우리 엄니는 한 겨울에도 노상 덥다고 창문을 활짝활짝 열어 놓고 지냈지라. 노인네 단단히 노망 든 줄로만 알았지 그 깊은 속을 누가 알았겠소. 자슥들에게 늙은이 냄새 풍기는 게 죄스러워서 엄니가 한 겨울에도 창문을 활짝 열고 지냈다는 것을 어찌 알았겠소. 나가 젊을 적 서울 막 올라와 중국집 주방장 보조일 할 적에 막내아들 보고 싶다고 우리 엄니 이 먼 서울까지 올라왔지라. 변두리 허름한 여인숙에 들어가 엄니와 하룻밤을 보내는데 잠결에 우리 엄니 울음소리가 들렸소. 눈을 떠보니, 주방 보조일 하느라 설거지물에 퉁퉁 불어 버린 아들 손 붙잡고 우리 엄니 서럽게 울고 계셨지라. 그날 우리 엄니 밤새 울었소. 지 아무리 잘난 자슥도, 자기 엄마 눈물 먹고 자란다는 말이 맞는 말인 갑소. 우리 엄니도 참말로 쓰디쓴 세월을 살다 가셨지라."

짱구를 닮은 사내의 눈은 젖어 있었다.

'연분홍 치마가 봄바람에 휘날리더라~'는 그의 어머니가 가장 좋아했던 노래라고 했다.

야옹이와 찍찍이

큰딸아이 어렸을 적 일이다. 아이 친구가 우리 집에 놀러 왔다. 평소에 사이좋은 아이들이 그날은 목소리를 높이며 싸움을 시작했다. 거실 바닥에 깔려있는 고무 매트가 문제였다. 널따란 고무 매트 위에는 그림이 그려져 있었다. 고양이 한 마리와 생쥐 한 마리가 우스꽝스러운 얼굴로 재미있게 놀고 있는 그림이었다.

"이거 톰과 제리야."

아이의 친구가 단호하게 말했다.

"아니야. 야옹이하고 찍찍이야."

친구에게 질세라 딸아이도 목소리를 높였다.

"내가 텔레비전에서 봤어. 톰과 제리란 말이야."

"아냐. 우리 엄마가 그랬어. 야옹이하고 찍찍이라고……."

아이들의 혈전은 계속됐다. 아이들의 천진난만한 싸움을 지켜보던 엄마들이 손뼉을 치며 웃었다. 방안에 있던 나도 웃었다.

하나도 모르는 사람보다 하나만 아는 사람이 더 문제였다.

사랑은 자동차보다 빠르다

상준 씨는 울창한 숲 가까이에서 살고 싶었다. 포클레인을 이마 위에 이고 참나무 둥치를 기어오르는 장수풍뎅이를 어린 딸 손잡고 바라보고 싶었다. 새로 이사 갈 집은 까막딱따구리가 가까이 사는 곳이었다. 밤이면 여기저기에서 소쩍새 울음소리가 들렸고, 창밖으로 손만 뻗으면 스트로브 잣나무 오솔길이 있었다. 새소리와 초록바람 가득하니 좁아도 좋고 넓어도 좋은 집이었다. 네 식구가 해바라기 씨앗처럼 촘촘하게 살아간다 해도 그만이었다. 상준 씨는 이사 갈 집을 엄마에게 빨리 보여 주고 싶었다. 엄마는 늘 바쁘다고만 했다. 아들을 떠나보내기 싫어 엄마는 상준 씨가 이사 갈 집에 가지 않았다.

상준 씨는 이사 가기 며칠 전에야 엄마를 데리고 이사 갈 집에 갈 수 있었다.

"너무 좋구나. 너무 좋구나. 산속이라서 너무 좋구나."

엄마는 웃고 있었지만 마음속 그늘이 선연했다. 십 수 년을 코앞에 두고 살던 아들이 며느리와 손녀딸들 다 데리고 이사 간다는 말이 어찌 서운하지 않았겠는가.

"엄마, 멀리 떠나는 거 아니니까 서운해 하지 말아요. 걸어서 산 하나만 넘으면 되는데요, 뭘……."

엄마는 창밖을 바라보며 겨울나무처럼 쓸쓸하게 웃었다. 엄마가 서운한 기색을 애써 감추며 말했다.

"엄마가 기운이 없어 산을 넘어 올 수 있나. 보고 싶으면 차타고 댕기면 되지 뭐……. 이제까지는 손녀들 보고 싶으면 슬리퍼 끌고 다녔는데, 그러지 못하니 마음이야 많이 허전하지……."

엄마의 말끝이 메였다. 늙으신 엄마에게 핀잔을 주었던 일이 생각났다. 코뿔소 한 마리가 상준 씨 마음을 뚜벅뚜벅 밟고 지나갔다. 상준 씨는 엄마에게 슬며시 거짓말을 했다.

"내 걸음으로 빨리 걸으면 여기에서 20분이면 엄마 집에 갈 수 있어요."

상준 씨는 40분 걸리는 거리를 절반으로 줄여 말했다. 엄마는 여전히 쓸쓸해 보였다. 짠한 마음을 햇살에 감추며 이사 갈 집을 나왔다. 상준 씨 발걸음이 무거웠다. 칠성무당벌레 한 마리가 종아리에 흙을 묻히고 풀밭 위를 바쁘게 걸어가고 있었다.

"엄마, 나는 운동 삼아 걸어갈게요. 엄마는 차타고 가세요."

"힘들어서 어쩌려고."

"매일 운동 다니는 길인데요, 뭘······."

상준 씨는 엄마를 먼저 차에 태워 보냈다. 상준 씨는 이를 꽉 물었다. 허리띠도 고쳐 맸다. 심장에 부르릉 시동을 걸고 상준 씨는 달리기 시작했다. 상준 씨는 굽 달린 구두를 신고 험한 산길을 말처럼 달렸다. 숨이 차올랐지만 증기기관차처럼 바람을 뚫고 달렸다.

"개미야, 길을 비켜라. 산딸기야, 길을 비켜라. 풍뎅이야, 어서어서 길을 비켜라."

산벚나무들이 짝짝짝 박수를 쳤다. 나비와 꿀벌들이 짝짝짝 기립 박수를 쳤다.

상준 씨는 엄마 집에 도착했다. 상준 씨가 도착하자마자 엄마가 곧바로 집으로 들어왔다. 엄마는 상준 씨를 보고 깜짝 놀랐다. 상준 씨는 차오르는 숨을 꾹꾹 누르며 엄마에게 말했다.

"엄마, 왜 놀래요? 빨리 걸으면 20분이면 온다고 했잖아. 오늘은 딱 15분 걸렸네요, 뭘······."

빨개진 얼굴을 감추려고 상준 씨는 얼른 화장실로 들어갔다. 상

준 씨는 가슴을 움켜쥐고 숨을 몰아쉬며 화장실 변기 위에 앉아 있었다. 가슴이 뻐근했지만 상준 씨는 슬며시 웃음이 나왔다.

차보다 빨리 달렸구나.
눈물보다 더 빨리 달렸구나.

화장실 가득, 가랑비가 뿌옇게 내리고 있었다.

사랑은 자동차보다 빠르다. 사랑은 눈물보다 더 빠르다.

선생님의 눈물

중학생인 정태는 마음이 여리고 착했다. 정태는 또래 아이들보다 정신 연령이 낮았다. 정태는 중1때부터 왕따가 되었다.

새 학년이 되어서도 정태는 여전히 왕따가 되었다.

정태의 카세트가 교실에서 없어졌다. 담임선생님은 수업이 끝난 후 정태네 반 아이들을 남게 했다. 정태가 분실한 카세트는 정태네 집에 있었다. 집에 두고 온 것을 까맣게 잊었던 것이다. 정태에 대한 따돌림은 점점 심해졌다.

반 아이들 중 몇몇은 정태 때문에 피해를 입었다는 이유로 정태를 때리기도 했다.

친구들 여러 명이 정태를 화장실로 끌고 갔다.

"너네 엄마가 학교 다녀간 뒤로, 우리가 담임한테 얼마나 당하는지 너도 알지?"

"……."

"너네 엄마 학교에 한 번만 더 오면 너 학교에 못 다닐 줄 알아."

"알았어. 엄마한테 말하지 않을게. 제발 때리지 마."

정태는 절레절레 고개를 저으며 울먹거렸다. 한 아이가 손사래를 치며 다가왔다.

"때리면 흔적 남을 테니까 때리지는 않을게. 근데 말이야, 너는 말로는 안 되거든. 자, 그럼 슬슬 시작한다."

세 명의 아이들은 정태를 화장실 안으로 끌고 갔다. 정태는 발버둥 쳤지만 얼굴로 날아온 망치 같은 주먹 때문에 더 이상 어쩔 수 없었다.

"오늘은 세수시켜 줄게. 똥물로 말이야."

아이들은 정태를 화장실 변기 앞에 꿇어 앉혔다. 수세식 변기통 안으로 정태 얼굴을 강제로 밀어 넣고는 아이들은 힘껏 줄을 당겼다. 쏴 하는 세찬 소리와 함께 물이 쏟아져 나왔다.

정태가 가쁜 숨을 헐떡이며 고통스런 얼굴로 일어섰다. 화장실 문을 나가며 한 아이가 말했다.

"네 엄마 학교에 오면 또 당할 줄 알아. 오늘은 한 번으로 그쳤지만 그땐 다섯 번 정도 세수시켜줄게."

아이들은 키득키득 비아냥거리며 화장실을 빠져나갔다. 그때 체육 선생님이 화장실 안으로 들어왔다. 그날 있었던 일들은 학생부로 낱낱이 보고됐다.

다음날, 정태와 정태를 괴롭힌 아이들 모두 학생부실로 불려갔다. 정태를 괴롭힌 아이들보다 더 애를 태운 건 담임선생님이었다.

"주임 선생님, 모두가 제 잘못입니다. 정태가 괴롭힘을 당한 건 아이들을 잘못 가르친 제 탓입니다. 아이들을 용서해 주세요."

담임선생님의 간곡한 부탁으로 정태를 괴롭힌 아이들은 처벌을 면할 수 있었다. 선생님은 아무 말도 하지 않고 아이들을 교실로 돌려보냈다.

그날 이후, 담임선생님은 다른 때보다 일찍 학교에 출근했다. 담임선생님은 고무장갑과 세제를 들고 곧바로 화장실로 갔다. 선생님은 변기에 가루 세제를 뿌리고 얼룩진 변기를 수세미로 닦았다. 선생님이 닦아 놓은 변기는 하얗게 반짝거렸다.

선생님은 한 달이 넘도록 화장실을 청소했다. 한 아이가 발소리를 죽이며 주뼛주뼛 다가왔다. 정태 얼굴을 화장실 변기 안으로 밀어 넣은 아이였다.

"선생님, 죄송해요."

"네 잘못이 아니다. 잘못 가르친 내 탓이야. 정태는 변기 안에 얼굴을 담갔는데, 고무장갑 낀 손으로 변기 닦는 건 아무것도 아니잖아."

선생님은 변기를 닦으며 다시 말했다.

"정태의 아픔을 생각해 본 적 있니?"

아이는 고개를 숙인 채 아무 말이 없었다.

"선생님이라도 이 더러운 변기를 깨끗하게 닦아 놓아야지. 그래야 가엾은 정태가 또다시 변기에 얼굴을 디밀어도 상처를 덜 받을 테니까."

고개 숙인 선생님 눈에 물빛이 어른거렸다.

선생님을 바라보는 아이 눈가에도 눈물이 맺혀 있었다.

나팔꽃이 피어 있는 곳에는 씨를 뿌리지 않아도 그 이듬해에 나팔꽃이 피어난다. 사랑은 사랑으로 다시 피어난다.

거미와 사내

한 사내가 숲길을 걷고 있었다.

싸리나무 가지에서 거미줄이 바람에 흔들렸다.

그물처럼 펼쳐진 거미줄에 걸려든 배추꽃흰나비…….

나비는 고통스럽게 날개를 파득거렸다.

거미는 재빠르게 다가가 나비의 몸통을 덥석 물었다.

사내가 거미에게 물었다.

"보이지 않는 거미줄로 함정을 만들어서

너는, 예쁜 나비를 꽁꽁 묶어 버렸구나."

그러자 거미가 사내에게 물었다.

"당신은 함부로 뱉은 말로

다른 이들의 마음을 고통스럽게 묶어 놓은 적이 없나요?"

이름 없는 편지

　상우 아빠는 야근을 마치고 집으로 돌아오다가 교통사고를 당했다. 상우 아빠를 친 승용차는 사고 직후 뺑소니를 쳤다. 의식을 잃은 상우 아빠는 병원으로 급히 옮겨졌다. 상우 아빠는 일주일 동안 혼수상태로 있다가 세상을 떠나고 말았다. 상우네 집은 아무런 보상도 받지 못했고 병원비로 빚까지 져야 했다.
　상우 엄마는 깊은 우울증에 빠졌다. 악마의 이빨 같은 우울증은 상우 엄마를 방 안에 꽁꽁 묶어 놓았다. 마른 꽃처럼 시들어 가는 엄마의 모습을 보며 상우는 마음이 아팠다. 가난과 아픔으로 상우의 마음은 조금씩 비뚤어지기 시작했다. 화가가 되겠다는 꿈도 접어야 했다. 누나가 흔들리는 상우를 잡아 보려 했지만 상우는 마음을 잡지 못했다.

아빠 친구들이 도움을 주기도 했다. 친척들이 찾아와 도움을 주기도 했다. 하지만 시간이 지나면서 사람들은 오지 않았다.
"상우야, 엄마도 정신 차릴 테니까 너도 이제 그만 정신 차려라."
"엄마, 거울 한번 봐. 예전의 엄마 얼굴이 아냐. 힘들겠지만 이제는 아빠를 보내드려."
상우의 두 눈이 젖어 있었다.
"상우야, 엄마가 다음 달부터 엄마 친구하고 조그마한 옷 가게를 하기로 했어. 집이라도 좀 줄여서 시작해 보려고 해. 형편 나아지는 대로 화실에도 다시 보내 줄 테니까, 이제 마음 잡아야지."
"알았어, 엄마. 걱정하지 마."
상우는 말꼬리를 흐리며 건성으로 대답했다.
"그래, 고맙다. 너까지 마음을 잡지 못하면 엄마는 어떻게 살라고……."
상우 엄마는 허망한 마음을 감추지 못하고 울음을 터뜨렸다.

상우네 가족은 더 작은 집으로 이사를 했다. 상우 엄마는 조그만 가게 하나를 얻었다. 그런데 옷 가게는 시작도 못해 보고 보증금을 송두리째 날리고 말았다. 엄마 친구의 짓이었다. 엄마 친구는 아무도 모르게 이사까지 가 버렸다. 실낱같은 희망마저 빼앗긴 엄마는 다시 어두운 방으로 들어갔다. 엄마의 절망과 우울증은 하루하루 깊어졌다.

　엄마가 다시 누운 뒤로 상우는 칼날처럼 예민해졌다. 상우의 마음은 불신과 미움으로 가득했다. 상우는 아무도 믿으려 하지 않았다. 심지어는 친한 친구에게까지 경계심을 늦추지 않았다.

　아빠를 죽이고 그대로 도망쳐 버린 뺑소니 운전사를 상우는 용서할 수 없었다. 엄마의 마지막 희망까지 훔쳐 달아난 엄마 친구도 용서할 수 없었다. 어두운 방 안에서 엄마의 울음소리가 아프게 들려왔다. 상우 누나는 조그만 회사에서 경리일을 하며 어려운 집안 살림을 꾸려 나갔다. 어두운 막장 같은 집이 싫어서 상우는 밤늦도록 불량한 친구들과 어울렸다. 상우는 걷잡을 수 없는 어둠 속으로 점점 빠져 들어갔다.

　엄마가 이상한 행동을 보이기 시작했다. 한참 동안 울다가 목청껏 소리를 치고는 방 안이 떠나갈 듯 웃어 댔다. 아무도 없는 방 안에서 혼잣말을 하기도 했다.

　상우 엄마는 정신 병원에 입원했다. 폐쇄 병동에 엄마를 혼자 두고 나왔다. 누나가 말했다.

　"상우야, 너무 걱정 마. 몇 달만 치료 받으면 좋아질 거라고 의사

선생님이 말했으니까."

"누나, 나 학교 그만둘까 봐. 대학이고 뭐고 다 때려치우고 돈이나 벌어야겠어."

"그런 말 하지 마. 너까지 그러면, 엄마, 정말로 잘못돼."

"엄마 병원비는 어쩌고? 몇 달 입원하려면 병원비가 엄청날 텐데."

"내가 마련할 테니까 너는 걱정 말고 공부나 해. 우선 친척들을 찾아가 볼 생각이야."

병원에 있는 엄마를 생각할 때마다 상우는 미칠 것 같았다. 상우는 학교에도 가지 않았다. 근심스런 얼굴로 누나가 말했다.

"상우야, 너 요즘 많이 늦는 것 같은데 왜 그래?"

"누나는 상관 마. 내 일은 내가 알아서 하니까."

상우는 눈을 부라리며 꼿꼿한 목소리로 말했다.

"상우 네가 예전의 모습으로 다시 돌아올 거라고 믿어. 너는 착한 아이니까."

누나 눈에 눈물이 어룽어룽하더니 얼굴을 적시며 눈물방울이 흘러 내렸다. 상우는 잠자코 앉아 있었다.

"상우야, 이것 좀 봐."

누나는 상우 앞으로 편지 봉투 하나를 내밀었다. 편지 봉투에는 큼직큼직한 글씨체로 집 주소와 상우 아빠 이름이 적혀 있었다. 편

지를 보낸 사람의 이름과 주소는 적혀 있지 않았다.

"이게 뭔데?"

상우는 풀 선 목소리로 퉁명스럽게 물었다.

"이 편지 봉투 속에 편지하고 십만 원짜리 수표 한 장이 들어 있었어."

상우는 누나가 건네준 편지를 읽었다.

'이 적은 돈에 제 마음을 담을 수 없었습니다. 하지만 어떻게든 따뜻한 마음을 전해 드리고 싶었습니다. 아무쪼록 이름도 밝히지 않은 저의 무례를 용서하시고 하나님의 사랑이 언제나 함께하시길 빕니다.'

"누나 생각에는 누구 같아?"

"글쎄, 나도 잘 모르겠어. 누가 준 건지도 모르는데, 이 돈을 써도 되는 건지 모르겠다."

"아빠 친구 아닐까? 기철이 아저씨 말이야."

누나는 잠시 사이를 두었다가 진지한 표정으로 말했다.

"나도 그런 생각을 해 봤는데……. 아무튼 우리 어려운 사정을 잘 알고 있는 분이겠지. 엄마가 다녔던 교회 목사님일 수도 있고, 가게 할 돈 가지고 도망친 엄마 친구일 수도 있고……."

뜻밖의 일이었지만, 상우는 그것을 대수롭게 여기지 않았다. 세상에 대한 상우의 불신은 그만큼 깊었다.

그 후 여러 달이 지나도록 상우 아빠 앞으로 편지가 배달됐다. 편지 속에는 십만 원짜리 한 장이 들어 있었다. 상우는 돈을 보내는 사람이 궁금했다. 아빠 친구를 떠올리기도 했고, 친척들의 얼굴을 하나하나 떠올려 보기도 했다. 엄마가 다녔던 교회의 목사이거나 교우 중 한 명 일지도 모른다고 생각했다. 어쩌면 엄마 돈을 가지고 달아난 사람이 뒤늦게 뉘우치는 것인지도 몰랐다.

이런 생각을 하게 되면서 상우 마음속에 있던 사람들에 대한 불신은 조금씩 사라지기 시작했다.

상우는 누나와 함께 엄마가 있는 서울로 갔다. 엄마는 일반인들도 드나들 수 있는 병동으로 옮겨졌다.

"엄마, 집에 가고 싶지?"

누나가 눈물을 글썽이며 묻자 엄마는 고개만 끄덕였다.

"조금만 더 참아 한두 달만 더 있으면 퇴원할 수 있으니까."

엄마는 헝클어진 머리를 하고 상우 얼굴만 바라보고 있었다. 상우는 엄마 얼굴을 보지 않았다.

"엄마, 우리 다음에 또 올게. 자주 못 와서 미안해."

엄마는 야윈 몸을 웅숭그렸다. 상우와 누나는 쓸쓸히 병실 문을 나왔다. 그런데 바로 그때, 상우 엄마가 맨발로 달려 나왔다. 상우 엄마는 심상치 않은 눈으로 이 사람 저 사람 눈치를 살폈다. 상우 엄마가 속삭이듯 말했다.

"상우야, 이거 아무도 주지 말고 너 가져."

엄마는 상우 주머니에 무언가를 집어넣고 딴청을 부렸다. 상우는 엄마의 행동이 창피했다.

상우는 계단을 내려왔다. 엄마가 주머니 속에 몰래 넣어 준 것을 꺼내 보았다. 체리맛 막대 사탕이었다. 상우는 눈물이 핑 돌았다. 엄마는 상우가 체리맛 사탕을 좋아한다는 것을 기억하고 있었던 것이다.

상우는 빠른 걸음으로 병실로 다시 올라갔다. 엄마는 벽 쪽으로 돌아누워 있었다.

상우는 눈물 젖은 눈으로 엄마에게 다가갔다. 엄마는 손때 묻은 가족사진을 손에 들고 울고 있었다. 엄마의 어깨가 출렁거렸다.

해질녘, 집으로 돌아오는 기차 안에서 상우는 마음이 아팠다. 질금질금 비를 뿌리는 먼 풍경을 바라보며 상우는 엄마를 생각했다.

상우는 하루하루 예전의 모습을 찾아갔다. 엄마를 더 아프게 하지 말아야겠다고 상우는 다짐했다.

가족사진을 들여다보던 엄마 모습이 어른거렸다. 상우는 엄마에게 갖다 줄 사진을 찾기 위해 장롱을 뒤졌다. 사진을 찾다가 안쪽

깊숙이 감춰진 편지지와 편지 봉투를 발견했다. 여러 장의 편지지에는 똑같은 글씨체로 이렇게 적혀 있었다.

'이 적은 돈에 제 마음을 담을 수 없었습니다. 하지만 어떻게든 따뜻한 마음을 전해 드리고 싶었습니다. 아무쪼록 이름도 밝히지 않은 저의 무례를 용서하시고 하나님의 사랑이 언제나 함께 하시길 빕니다.'

상우는 어리둥절했다. 정신이 아득해졌다. 매달 십만 원을 보내준 사람이 누나였다는 것을 상우는 그제야 알게 되었다. 사람을 믿지 못하고 어긋난 길을 가려 했던 상우의 마음을 누나는 그렇게라도 위로해 주고 싶었던 거였다.

상우의 가슴 속으로 누나의 말이 또각또각 걸어 들어왔다.

"상우야, 사람들을 미워하지는 마. 고마운 분들도 있잖아. 다른 사람이 나쁘다고 불평하지 말고, 우리가 좋은 사람이 되면 되잖아."

상우의 얼굴 위로 따스한 눈물이 흘러내렸다.

침묵의 기도

 봄꽃처럼 화사한 여학생들이 교문을 빠져나오고 있었다. 경은이는 교문 앞에 서서 친구들과 이야기를 나누고 있었다.
 "경은아, 너도 같이 가자. 혜원이 하고 정선이도 다들 간댔어."
 "미안해, 나는 못 갈 거 같아. 내가 도와주지 않으면 엄마 혼자 장사하기가 힘들거든."
 "생일 파티에 너 안 왔다고 명혜 삐칠 텐데."
 "명혜한테는 미안하다고 아까 말했어. 생일 선물도 미리 줬고."
 경은이는 아쉬움을 뒤로 한 채 친구들과 헤어졌다. 집에 돌아온 경은이는 짜증난 얼굴로 엄마에게 말했다.
 "엄마 때문에 친구 생일 파티에도 못 갔단 말이야. 언제까지 과일 가게 할 건데?"

"……."

경은이 엄마는 시장으로 통하는 길목에서 과일 장사를 했다. 경은이 아빠는 경은이가 초등학교 때 돌아가셨다. 경은이 엄마는 아빠와 함께 했던 과일 가게를 계속하면서 두 딸을 키웠다.

경은이 엄마에게는 언어 장애가 있었다. 말을 할 수 없는 경은이 엄마는 과일을 팔 때마다 곤욕을 치러야 했다. 그런 엄마를 위해서 경은이는 과일마다 일일이 가격표를 매겨 놓았다. 계절마다 종류가 다르고, 크기마다 값이 다른 과일은 가격 변동이 잦아 가격표를 쓰는 일이 쉽지 않았다. 말 한마디 주고받을 수 없는 엄마가 가격표만으로 장사하는 것도 어려운 일이었다.

한번은 경은이 엄마가 손님에게 내줄 거스름돈을 잘못 계산해 더 많이 내주었다. 뒤늦게 그 사실을 알고 경은이 엄마가 부랴부랴 손님에게 달려갔지만 맥없이 그냥 돌아와야만 했다. 수화를 이해할 수 없는 손님에게 거스름돈을 더 많이 내주었다는 것을 설명할 방법이 없었기 때문이다.

술에 취한 손님들이 경은이 엄마의 손짓을 매운 눈으로 바라보다가 막말을 퍼붓고 가기도 했다.

"엄마, 다른 장사 하면 안 돼?"

"새롭게 장사를 시작한다는 게 어디 쉬운 일이냐."

엄마는 깡마른 얼굴에 시름을 가득 담고 수화로 대답했다. 엄마 얼굴에 미안함이 가득했다.

"가격표를 한번 붙이면 두고두고 가격이 변동되지 않는 걸 팔면 되잖아. 그러면 엄마 혼자서도 물건을 팔 수 있고……."

"……."

경은이는 엄마 눈치를 살피며 넌지시 말했다.

"경은아, 미안해……. 장사는 엄마 혼자 할 수 있으니까 너무 걱정 마. 그리고 내일 오후에는 엄마하고 꼭 같이 예배 봐야 해. 대입 수험생들을 위한 특별 예배니까 너하고 꼭 같이 가고 싶어."

"꼭 같이 가야 하는 거야, 엄마? 별로 가고 싶지 않은데……."

내키지 않는 마음에 경은이는 지싯지싯 말했다.

"고3 자녀를 둔 부모들은 모두 다 올 거야. 너를 위해 엄마도 꼭 가고 싶거든. 그래야 엄마 마음이 편할 거 같아서 그래."

경은이는 엄마의 간절한 청을 저버릴 수는 없었다.

다음날 경은이는 엄마와 함께 교회에 갔다. 순서에 따라 예배가 진행되었고, 예배가 끝날 무렵, 참석자 모두가 소리 내어 기도하는 시간이 있었다. 자식의 대학 진학 문제를 놓고 모든 부모들이 소리 내어 간절히 기도했다.

경은이는 엄마와 조금 떨어져 앉아 눈을 감고 있었다. 다른 사람들이 자식을 위해 소리 내어 기도할 때, 마음만으로 기도해야 하는 엄마를 생각하니 마음이 아팠다. 며칠 전, 술 취한 손님이 고추 먹은 소리로 엄마에게 쏘아붙이고 간 말이 생각났다.

"말도 못하는 벙어리 주제에……."

경은이는 고개를 돌려 조금 떨어져 앉아 있는 엄마를 바라보았다. 눈물이 왈칵 쏟아졌.

엄마는 소리 내어 기도할 수 없었지만, 누구보다 간절히 기도하고 있었다. 바람에 펄럭이는 깃발처럼 두 손을 저으며 엄마는 수화로 기도를 하고 있었다. 울음소리조차 제대로 낼 수 없는 엄마였다. 말 못하는 벙어리라고 누가 손가락질해도 말 한마디 할 수 없는 가엾은 엄마였다. 눈물과 땀은 간절한 기도가 되어 빛바랜 치마 위로 방울방울 흘러내렸다.

경은이는 눈물 가득한 눈으로 엄마를 바라보았다. 경은이 입에서 신음처럼 작은 소리가 새어 나왔다.

'엄마…… 엄마…… 엄마…….'

지금의 고난은 머지않아 기쁨을 주겠다는
삶의 눈물겨운 약속이다.

찔레꽃

　은실이는 엄마 손을 잡고 산길을 걷고 있었다. 조붓한 오솔길에 하얀 찔레꽃이 무덕무덕 피어 있었다. 은실이는 엄마 손을 놓고 찔레꽃 앞으로 쪼르르 달려갔다. 은실이는 찔레꽃송이를 가만가만 들여다보았다.

　"엄마, 이 꽃 이름이 뭐야?"

　"찔레꽃이야. 너의 외할머니는 찔레꽃을 제일 좋아하셨어."

　"찔레꽃?……. 얼굴이 꼭 강냉이처럼 생겼네."

　은실이는 방긋 웃으며 말했다. 찔레꽃 앞에 서 있는 은실이가 고개를 갸웃거렸다.

　"엄마, 외할머니는 왜 이딴 꽃을 좋아하셨을까?"

"왜? 이 꽃이 예쁘지 않니?"

"응. 미워. 가시가 너무 많잖아. 이 꽃은 미운 마음을 가졌나 봐. 그러니까 뾰족한 가시가 이렇게나 많지. 가시에 찔리면 얼마나 아플까……."

엄마 얼굴을 올려다보며 은실이가 말했다. 엄마가 방싯 웃으며 은실이에게 말했다.

"누구를 찌르려고 가시를 만드는 꽃은 없어. 꽃은 자신을 지키기 위해서 가시를 만들었을 거야. 찔레꽃은 말이야, 제 몸에 있는 꿀을 다 빨아 가도 벌이나 나비를 가시로 찌르지 않거든……."

은실이는 여전히 떠름한 표정으로 엄마 얼굴을 바라보았다.

"은실아……. 좋은 것들 중에는 가시를 가지고 있는 게 참 많아. 밤송이도 가시를 가지고 있고 탱자나무도 가시를 가지고 있잖아.

엉겅퀴꽃이나 아카시아도 모두 다 가시를 가지고 있고. 눈에 보이지는 않지만 사람들도 가시를 가지고 있어. 우리 은실이는 친구들의 좋은 점을 많이많이 칭찬해 주렴. 칭찬은 사랑을 주는 일이니까……."

은실이는 가만가만 고개를 끄덕였다. 은실이 얼굴이 찔레꽃보다 환했다.

은실이는 엄마 손을 잡고 다시 산길을 걸었다. 찔레꽃 향기가 은실이 뒤를 몰래몰래 따라갔다. 은실이는 자꾸만 고개를 돌렸다. 은실이가 고개를 돌릴 때마다 찔레꽃 향기도 옴찔옴찔 걸음을 멈추었다.

굽 낮은 신발

청년이 그의 여자 친구에게 물었다.

"소현아, 너는 왜 만날 굽 낮은 신발만 신어?"

"편하니까……."

여자 친구는 청년의 물음에 싱겁게 대답했다.

"여자들은 늘씬해 보이려고 굽 높은 구두를 많이 신잖아."

"작아 보이면 어때. 편하면 되지, 뭐. 높은 구두 신으면 불편하잖아."

"불편해도 커 보이는 게 낫지 않니? 너 처음 보았을 때 높은 구두 신고 있으니까 보기 좋던데……."

청년은 빙긋이 웃으며 그녀에게 말했다.

"그래도 난 싫어. 편한 게 좋으니까."

여자 친구는 청년의 손을 꼭 잡았다.

키 작은 자신에게 상처가 될까 봐

여자 친구는 언제나 굽 낮은 신발을 신고 다닌다는 것을

청년은 알고 있었다.

꼬순아, 정말 잘됐어

해거름 무렵, 영희 아빠는 닭장 안을 마구 휘젓고 다녔다. 닭들은 주인 손에 잡히지 않으려고 길길이 날뛰며 이리저리 도망쳤다. 갈색 깃털이 흙먼지와 함께 뒤섞이며 닭장 안은 금세 뽀얗게 흐려졌다.

잠시 후, 영희 아빠가 윤기 흐르는 날개를 가진 암탉 한 마리를 한 손에 움켜쥐고 닭장 밖으로 나왔다.
"허참, 그 놈 참 통통하다."
"아빠……."
마당에 있던 영희 눈이 금세 휘둥그레졌다.

"아빠, 걔는 안 돼."

영희는 새치름한 얼굴을 절레절레 흔들며 말했다.

"귀한 손님 대접 할 건데 그래도 제일 살찐 놈으로 골라야 하잖아."

"아빠 부탁이야. 걔는 정말 안 돼……."

"왜 안 된다는 거야?"

아빠는 영희를 바라보며 물었다.

"……그냥 안 돼."

"그런 말이 어디 있어? 이유를 말해야지."

"아빠 제발 부탁이야. 걔는 정말 안 돼……."

"허 참 그 녀석도……. 도대체 왜 그러는지 모르겠네. 그럼 어떤 녀석을 골라야하나……. 암탉들은 많은데 하나같이 삐들삐들 마른 놈들만 있어서 말이야."

아빠의 얼굴에 난감한 기색이 가득했다. 영희의 부탁에 더 이상 어쩌지 못하고 아빠는 닭장 안으로 다시 들어갔다. 잠잠했던 닭장 안은 또다시 아수라장이 되었다. 아빠는 다른 암탉 한 마리를 손에 움켜쥐고 느릿느릿 닭장 밖으로 걸어 나왔다.

"이제 됐지?"

"응……. 아빠, 고마워."

닭을 움켜쥐고 뒷마당으로 갔던 아빠가 잠시 후 앞마당으로 나왔다. 아빠는 축 늘어진 닭을 손에 들고 앞마당 한쪽으로 느릿느릿 걸어갔다. 아빠는 뜨거운 물이 남상남상하게 담겨 있는 대야 앞에 앉아 암탉의 털을 벗겨 냈다.

그날 저녁 영희는 닭고기를 한 입도 먹지 않았다. 밤이 되자 손님이 돌아갔다. 늦은 밤, 영희는 뒤란에 있는 닭장 막으로 조심조심 걸어갔다. 노란 달빛이 닭장 안을 환하게 비추고 있었다. 영희는 닭장 안을 들여다보았다. 영희 얼굴에 달빛처럼 따뜻한 미소가 번졌다. 낮에 아빠가 잡으려 했던 암탉이 영희를 물끄러미 바라보고 있었다. 노란 병아리 여러 마리가 암탉 품에 안겨 있었다. 잠에서 깨어난 병아리 한 마리가 날개를 파르르 떨고 있었다.

"꼬순아, 정말 잘됐어. 너는 어린 아가들을 지켜야 하니까……. 우리 아빠는 꼬순이 네가 병아리들 엄마라는 것을 몰랐나 봐. 꼬순이 너 말고도 다른 암탉들이 많으니까……."

별처럼 또롱또롱한 작은 눈빛을 빛내며 병아리가 영희를 바라보았다. 영희는 병아리들의 엄마를 지켜주고 싶었던 거였다. 엄마 없는 슬픔이 얼마나 아픈 것인지 영희는 알고 있었기 때문이다. 가만한 바람이 불어왔다. 뒷동산 느릅나무 숲에서 멧새들이 뱃종뱃종 울어 댔다.

아주 특별한 선물

절름발이 김 씨는 거리에 앉아 아코디언을 연주하고 있었다. 김 씨 앞에 낡고 때 묻은 바구니 하나가 놓여 있었다. 거리 단속반에 밀려 변두리 육교 위에 자리를 잡은 뒤로 김 씨의 생활은 어려웠다.

"오셨군요, 할아버지."

아코디언을 연주하다 말고 김 씨는 노인을 반갑게 맞았다.

"김 씨가 연주하는 아코디언 소리가 듣고 싶어 왔어."

노인의 얼굴에 온화한 미소가 번지고 있었다.

김 씨는 노인이 좋아하는 옛날 노래들을 구성지게 연주했다.

"김 씨, 오늘도 멋진 연주 잘 듣고 가네. 내일도 집에 가는 길에 또 들름세."

"네, 할아버지. 그럼, 살펴 가세요."

노인은 고개를 끄덕이며 어둠 속으로 사라졌다. 느릿느릿 걸어가는 노인의 뒷모습을 김 씨는 내내 바라보았다.

노인은 늘 김 씨가 있는 곳에 들렀다. 김 씨의 아코디언 연주를 듣고 동전 몇 개라도 바구니에 넣고 가는 것을 잊지 않았다. 서툰 연주지만 기쁘게 들어주는 이가 있다는 것이 김 씨에게 더없는 위안이었다.

해거름 무렵부터 절름발이 김 씨는 온몸이 아팠다. 바늘로 찌르듯 쑤셔 대더니 온몸이 불덩이가 되어 버렸다. 더 이상 육교 위에 앉아 있을 수 없었다. 김 씨는 아코디언과 가방을 챙겨 들고 자리에서 일어났다. 집으로 가는 길에 김 씨는 한 무리의 노인들을 만났다.

그들 중 한 노인이 김 씨 눈에 번쩍 들어왔다. 육교 위를 늘 찾아오는 바로 그 노인이었다. 노인은 무의탁 노인들을 위해 구청에서 마련해 준 벽보 떼는 일을 하고 있었다. 김 씨는 반가운 마음에 무리와 조금 떨어져 걷고 있는 노인에게로 다가갔다.

바로 그때, 골목을 달려 나온 택시 한 대가 경적을 크게 울리며 노인 앞에 급정거했다.

"영감님, 죽으려고 환장했어요?"

독살스럽게 생긴 사내가 죽일 듯 노인을 쏘아보며 말했다.

"미안하게 됐소, 기사 양반."

"사람 신세 망칠 뻔해 놓고 미안하다고 말하면 다예요?"

택시 기사는 노인을 향해 소리를 버럭 질렀다.

"내가 늙어서 귀가 먹어 그래요. 웬만한 소리는 들을 수가 없다오."

택시 기사는 그제서야 일렁이는 눈빛을 가라앉히고 혼잣말로 투덜대며 자리에서 떠났다. 노인은 아무 일도 없었다는 듯 큰길로 걸어갔다. 노인은 전봇대 앞에 서서 물 묻은 솔로 광고지를 벗겨 냈다. 멀찌감치 서 있던 김 씨는 노인을 부를 수가 없었다. 김씨는 마음이 아팠다. 들을 수도 없는 귀로 거의 매일같이 와서 아코디언 연주를 들어 주는 노인이 김 씨는 너무 고마웠다.

노인이 김 씨를 다시 찾아온 것은 그로부터 며칠 뒤였다. 김 씨는 아코디언을 연주하다 말고 노인을 반갑게 맞아 주었다. 노인의 얼굴은 며칠 전보다 핼쑥했다.

"어디 편찮으셨어요, 할아버지?"

김 씨는 아주 큰 목소리로 말했다.

"집에 있는 할멈이 감기 몸살이 나서, 병간호하느라 며칠 꼼짝도 못했어."

노인은 우두커니 김 씨 얼굴을 바라보았다.

"김씨, 자넬 보면 말이야, 내 아들이 생각나. 내 아들도 어릴 적에 소아마비를 앓았거든……. 가슴 아픈 세월을 살다가 아비보다 먼저 가 버리고 말았어."

노인의 눈에 눈물이 어른거렸다.

"할아버지, 기운 내세요. 오늘은 다른 날보다 더 신나는 곡을 들려 드릴게요."

김 씨는 두 손으로 육교 난간을 잡고 힘겹게 자리에서 일어섰다. 김 씨는 목발을 양쪽 겨드랑이에 끼우고 아코디언을 가슴까지 올렸다. 김 씨는 나팔꽃처럼 웃으며 아빠의 청춘을 연주했다. 연주에 맞추어 어깨춤까지 신명나게 추었다. 귀가 먹어 잘 들을 수 없는 노인을 위해 김 씨는 흥겨운 춤이라도 보여주고 싶었다. 김 씨를 바라보던 할아버지 입가에 초승달이 걸렸다.

"오늘 연주는 최고야, 최고……."

연주를 마친 김 씨에게 노인은 박수를 쳐 주었다. 김 씨는 겸연쩍게 웃었다.

"이제 그만 가야겠네. 할멈이 눈 빠지게 기다리고 있을 거야."

노인은 김 씨 앞에 놓여 있는 바구니에 슬그머니 동전을 넣었다. 김 씨가 하얀 봉지 하나를 건네주었다.

"할아버지, 이거 집에 가서 펴 보세요."

"이게 뭔가?"

"별거 아니에요. 그럼 조심히 가세요."

노인은 김 씨가 건네준 하얀 봉지를 주머니 안에 넣었다. 육교를 내려온 노인은 불빛이 환한 건물 앞에 서서 하얀 봉지를 꺼냈다. 봉지 안에 편지가 들어 있었다.

'할아버지, 항상 따뜻하게 대해 주셔서 고맙습니다. 이 보청기는 일 년 전에 돌아가신 제 어머니께서 쓰시던 거예요. 어머니께서 남기신 거라 소중하게 간직하고 있었거든요. 할아버지에게 도움이 될 것 같아 가지고 나왔어요. 더 열심히 살겠습니다.'

굳은살이 내려앉은 노인의 손바닥 위에 조그마한 보청기 두 개가 놓여 있었다.

어둠이 내리는 도시에 하나 둘 불빛이 켜졌다. 할아버지는 멀리 김 씨가 앉아있는 육교 쪽을 바라보았다. 할아버지의 야윈 뺨 위로 눈물이 흘러내렸다. 한줄기 가을바람이 불어와 노랗게 물들어 가는 가로수 잎들을 살랑살랑 흔들고 있었다.

선생님, 너무너무 사랑해요

준용 씨 제자 효진 씨가 초등학교 교사가 되었다. 어느 날, 준용 씨는 효진 씨로부터 메일을 받았다.

선생님……. 옆 교실에서 들려오는 플루트 선율이 참 아름다워요. 한 숨에 읽어 내릴 수밖에 없었던 선생님 책을 저의 반 광섭이라는 아이에게 선물로 주었어요. 그 아이가 저에게 메일을 보내왔는데 선생님도 한 번 읽어보세요. 아이의 모습이 너무 대견스러워서요. 선생님께서 쓰신 책이 멀리 멀리 퍼져서, 여기저기 선생님의 향기가 느껴지는 것 같아요. 선생님, 감사합니다. 저의 반 광섭이가 저에게 보내온 메일을 함께 보냅니다.

선생님, 다시 연락드릴게요. 안녕히 계세요.

- 박효진 올림

아래 있는 편지는 광섭이란 아이가 담임선생님인 효진 씨에게 쓴 편지다. 광섭이는 초등학교 5학년이다.

사랑하는 선생님께

선생님! 안녕하세요? 저녁 시간도 훨씬 지난 이 시간, 선생님께서는 무엇을 하고 계실지요……. 저녁 진지는 드셨겠죠? 저도 엄마께서 끓여 주신 맛있는 된장찌개에 고추장을 넣고 썩썩 비벼서 많이 먹었어요.

요즘 저 때문에 엄마께서도, 할머니께서도, 선생님께서도 많이 신경을 쓰신 것 같아 죄송스러운 마음뿐이랍니다. 선생님께서 선물로 주신 책을 다 읽고 또 읽었어요. 정말로 가슴이 따뜻해지는 책이었어요. 읽으면서 울기도 했어요. 공사장에서 힘들게 일하시는 어머니를 보고 작가 아저씨가 달려가 울음을 터트린 내용은 정말 눈물이 나지 않고는 읽을 수가 없었어요. 저도 작년 4학년 때 무척이나 더웠던 여름에 일을 나가시던 엄마께서 저를 학원이라도 보내고 싶으신 마음에 남는 시간을 이용해서

냉면집 전단지를 집집마다 붙이고 다니셨어요.

같은 반 이었던 '아름'이라는 친구와 학교가 끝나고 교문을 나서는데 엄마께서 붙이고 다니시는 전단지가 땅에 떨어져 굴러다니는 것이 속이 상해, 다시 주워서 가져오려고 하는데 멀쩍이서 대문에 지저분하게 왜 이런 것을 붙이냐며, 소리소리 지르시는 어떤 아주머니 앞에 고개를 들지도 못하시고 "죄송합니다."를 입이 마르도록 말씀하시는 엄마의 모습을 보게 되었어요. 같이 있던 아름이라는 친구가 "너네 엄마 아냐?"라고 묻는 말에 나는 "맞아."라고 대답해 주고는 엄마께로 달려가서 "엄마! 학교 다녀왔습니다!"라고 그 아주머니가 놀랄 정도로 큰소리로 말했어요. 엄마께서 깜짝 놀라시며 "왜 이렇게 일찍 끝났어?" 하시며 멋쩍은 듯이 어쩔 줄 몰라 하셨어요. 그때 저도 눈물이 막 쏟아지려는 것을 억지로 참았어요.

집에 오는 동안 저는 엄마께 아무렇지도 않은 듯 학교에서 있었던 일을 재미나게 말씀드렸고, 엄마께서는 아무 말씀도 하지 않으셨답니다. 그날 저는 엄마의 빨갛게 익은 얼굴을 잊을 수가 없어요. 그날 낮에 있었던 일을 소리 죽여 울면서 일기에 썼어요. 제가 엄마를 뵐 때 정말로 가슴이 아픈 건 힘드실 때 따뜻한 말 한마디, 또 같이 힘들면서 서로 의지할 엄마의 옆 자리가 비어있는 혼자라는 것이에요. 엄마께서 홀로라는 것이 마음이 아파요.

아 참! 선생님! 자랑하고 싶기도 하고, 조금 서운하기도 한 일이 있어요. '제10회 전국 초등학생 국토사랑 글짓기 대회'에 원고를 냈었는데요, 오늘 발표 날이라 확인해 봤더니 동상이라고 나왔어요. '대상, 금상, 은상, 동상, 우수상' 이렇게 있는데 꼴찌는 면했어요. 전국에서 1,800편 정도가 응모했대요. '어린이동아', '국토연구원' 홈페이지에 제 이름이 나와 있어요. 조금 더 잘 쓸 걸 하는 마음이 많아요. 조금 섭섭하기도 하구요. 선생님! 그래도 잘했다고 칭찬해 주세요. 선생님, 너무너무 사랑해요. 안녕히 주무세요. 선생님······.

- 이광섭 올림

들꽃 같은 마음을 가진 광섭이의 편지를 읽으며 준용 씨는 눈물을 흘렸다. 엄마를 생각하는 어린 광섭이의 사랑이 아름다웠기 때문이다. 세상을 아름답게 물들이는 건 소리 없이 피어나는 작은 들꽃이다. 아픈 마음을 감싸 주는 사랑이다.

불평

오랜만에 만난 두 친구가 시내 음식점에서 저녁 식사를 하고 있었다. 음식을 먹다 말고 창밖을 바라보던 한 친구가 빈정거리며 말했다.

"저렇게 높은 빌딩들은 도대체 다 누구 거야? 변변한 내 집 하나 없는 사람은 기죽어서 살 수가 있어야지. 우리 같은 월급쟁이는 만날 이 판이니 말이야. 세상이 너무 불공평해."

그는 깊은 숨을 내쉬었다.

잠시 사이를 두었다가 그가 다시 말했다.

"만약 내가 저런 빌딩을 가진 부자라면, 난 더 이상 욕심 부리지 않을 거야. 가난한 사람들 도우면서 편하게 살면 좋잖아. 가만히 보면, 있는 사람들이 더 무서워. 안 그런가?"

"자네 말이 맞아. 늘 없는 사람들만 힘들지."

친구도 맥 풀린 얼굴로 맞장구를 쳐 주었다.

그때 한 여인이 갓난아이를 등에 업고 음식점 안으로 들어왔다. 등 뒤에 아이가 여뀌꽃처럼 가느다란 팔을 저어 대고 있었다.

아이 엄마의 야윈 손에는 빨간색, 노란색, 연두색 껌들이 무지개처럼 걸려 있었다. 아이 엄마는 두 친구가 앉아 있는 테이블로 느릿느릿 걸어갔다.

"저기…… 껌 한통만 사 주세요."

그녀의 말에 두 사람의 얼굴은 시큰둥해졌다. 가난을 불평하던 친구는 양복 주머니를 뒤지기 시작했다.

"저도 껌 있거든요."

사내는 껌까지 꺼내 보이며 고개를 흔들었다. 여인은 무안한 듯 웃으며 다른 테이블로 총총히 걸어갔다.

할머니의 밥그릇

이른 아침부터 가랑비가 부슬부슬 내리기 시작했다. 재혁은 서둘러 청량리에 있는 굴다리로 향했다. 무료로 주는 점심을 먹기 위해 많은 사람들이 서 있었다. 재혁은 자원 봉사자들과 함께 배식대와 식판, 밥과 반찬들을 굴다리 안쪽으로 서둘러 옮겼다.

정오가 조금 넘어 배식이 시작되었다. 재혁의 앞으로 머리가 하얗게 센 할머니 한 분이 다가왔다.

"밥 조금만 더 주세요."

할머니는 수줍게 웃고 있었다.

"네, 할머니. 더 드릴게요."

재혁은 할머니 식판 위에 한 주걱의 밥을 담아 주었다.

"됐지요, 할머니?"

"조금만 더 주세요……."

할머니는 미안했는지 말꼬리를 흐렸다. 자원 봉사를 하던 아주머니가 못마땅한 표정을 지으며 끼어들었다.

"할머니, 욕심 부리지 말고 그거 드시고 이차 배식 때 더 드세요. 밥만 산처럼 가져가서 남기면 아깝잖아요. 드시고 다시 오세요. 아셨죠?"

"네, 알았어요……."

할머니는 민망한 표정을 지었다. 할머니는 더 이상 어쩌지 못하고 배식대를 떠났다.

식사를 마친 사람들은 하나 둘 굴다리를 떠났다. 사람들이 식사한 자리를 청소하기 위해 재혁은 빗자루를 들었다. 그런데 조금 전 밥을 더 달라던 할머니가 봉지를 들고 굴다리 한쪽에 서 있었다. 재혁은 할머니에게로 다가갔다.

"할머니, 죄송해요. 아까 밥을 더 드렸어야 했는데. 다음에는 많이 드릴게요."

"아니에요. 만날 밥만 얻어먹어서 오늘은 나도 청소 좀 하고 가려구요. 우리같이 없는 사람들 모두가 주체스럽게 생각하는데, 밥까지 주는 곳이 있으니 얼마나 고마워요."

"할머니, 저희들이 청소하면 돼요. 거동도 불편하신데……."

"아녜요. 지금은 늙어서 그만뒀지만 한평생을 청소부로 늙은 걸요. 내가 청소할 테니 빗자루 이리 주세요."

"할머니, 괜찮아요."

할머니는 빗자루를 뺏으려고 재혁과 실랑이를 벌였다. 그 순간 할머니의 손에 있던 봉지에서 밥그릇 두 개가 와르르 쏟아졌다. 눈처럼 하얀 쌀밥이 질척한 땅 위에 봉긋이 누워 모락모락 김을 피워 내고 있었다.

"이걸 어쩌나! 이걸 어째! 우리 손녀 줄 밥인데……."

가슴에 고여 있는 아픔을 뱉어 내듯 할머니는 긴 한숨을 내쉬었다.

"죄송해요. 어쩌죠? 손녀 주실 것까지 챙기시느라 할머니께서는 밥도 못 드셨겠네요."

"나 같은 늙은이야 몇 끼 못 먹어도 괜찮아요. 어린 상추 이파리 같은 손녀를 배곯게 할 수는 없어서요. 어미 아비 없는 손녀하고 단둘이 살거든요. 봉지에 밥을 담아 가면 안 먹어요. 그래서 오늘은 밥그릇을 가져온 건데……. 한 그릇은 점심에 주고 한 그릇은 저녁에 주려고……. 이 일을 어쩌나……."

할머니는 밥에 묻은 흙을 떼어 내고 있었다. 재혁의 눈이 젖어 들었다.

"할머니, 잠깐만 기다리세요. 잠깐이면 되니까 가시면 안 돼요?

꼭이요!"

 재혁은 시장 쪽으로 뛰어갔다. 할머니께 김밥을 사 드리고 싶었다. 주린 배를 쓸어안고 집으로 돌아가는 할머니의 뒷모습이 눈에 어른거렸다.

 김밥을 받아 들고 할머니는 눈물을 글썽였다.
 "고마워서 어쩌지……."
 "할머니 드실 김밥도 여유 있게 샀어요. 맛있게 드세요."
 "이렇게 받기만 해도 되는 건지 모르겠네……. 늙으면 염치도 없어지나 봐요."
 "별말씀을 다 하시네요. 할머니, 내일 오실 때는 손녀 갖다 줄 밥그릇을 저한테 주세요. 제가 담아 드릴게요."
 재혁이 할머니 손을 잡고 말했다.
 "고마워요, 젊은이. 정말로 고마워요."
 등이 굽은 할머니는 머리를 조아리며 고맙다는 인사를 했다. 이슬비가 바람에 날리며 할머니의 백발 위로 하얗게 부서져 내리고 있었다.

어느 특별한 강연

준석 씨는 강연을 하기 위해 재소자들이 모여 있는 강당으로 향했다. 준석 씨의 긴장된 얼굴을 살피며 교도관이 상냥하게 말했다.

"그냥 편안하게 말씀하시면 됩니다."

"상처받은 사람들인데, 그래도 뭔가 위로가 되어야겠지요. 무슨 말을 해야 할지 며칠 동안 많이 고민했어요."

"그러셨군요. 옆에서 겪어 보면 대부분 착한 사람들이에요. 그저 한때 마음을 잘못 먹었을 뿐이죠."

그들은 강당 출입문 앞에 도착했다.

준석 씨는 자신의 가슴속 아픔을 재소자들에게 숨김없이 말했다. 그들의 아픔을 위로하기 위해서 자신의 아픔부터 말해야 한다고 생각했다. 준석 씨는 한 시간 반 동안 많은 이야기를 했다.

한 50대 남자는 어린아이처럼 눈물을 닦으며 울고 있었다. 준석 씨는 마무리 인사를 했다.

"이곳에 계신 선배님들 그리고 후배님들, 여러분 마음속에는 아픔이 많을 거라 생각합니다. 아픔은 길이 되어 줄 거라 믿겠습니다. 잠시 후면 여러분의 선한 눈빛을 남겨 두고 저만 혼자 세상 속으로 나가야 합니다. 그래서 마음이 많이 아픕니다. 여러분들께서 용기 잃지 않고 이 어려운 시간들을 이겨 내실 거라고 믿겠습니다."

준석 씨는 강단 앞쪽으로 몇 걸음 걸어 나갔다. 스무 살이 갓 넘어 보이는 청년 앞에서 준석 씨는 걸음을 멈췄다. 준석 씨가 청년에게 물었다.

"한 가지 부탁이 있는데, 들어주실 거죠?"

"네?"

청년은 잠시 머뭇거렸다. 그는 쑥스러운 듯 고개를 끄덕였다.

"고맙습니다. 제가요……. 한 번만 힘껏 안아 드리고 싶어서요. 그래도 되겠지요?"

청년은 하얀 이를 드러내며 웃기만 했다. 준석 씨는 청년을 일으켜 세운 다음 힘껏 안아 주었다. 그들은 잠시 동안 가만히 서 있었다. 청년의 눈가에 눈물이 맺혔다.

준석 씨의 눈가에도 눈물이 맺혔다. 준석 씨는 다섯 개의 철문을 지나 교도소를 나왔다. 꽃길을 걸어 나오며 준석 씨는 조금 전 안아 주었던 청년의 얼굴을 떠올렸다.

'한 번만이라도 누군가가 그 청년을 따뜻하게 안아 주었더라면, 그는 이곳에 들어오지 않았을 텐데……'

준석 씨는 눈물 젖은 꽃길을 걸어 나왔다.

생각에 못을 박지 말자

개굴 개굴 개굴 개굴 개굴

개구리 울음소리가 아니다. 개구리는 개굴개굴 울지 않는다.

뿌국 뿌국 뿌국 뿌국 뿌구국 뿌구국 뿌구국 뿌구국

괙괙괙괙괙괙괙괙괙

낯설게 들리겠지만 차라리 이 소리가 개구리 울음소리에 더 가깝다. 한 여름, 논길을 걷다 보면 초록색 볏잎 사이로 개구리 울음소리가 들려온다. 개구리 우는 소리는 개구리 웃는 소리일지도 모른다.

생각에 못을 박지 말자.

장마 때 가장 행복한 사람이 누구냐고 사람들에게 물었다. 사람들은 입을 모아 '우산 장수'라고 했다. 그렇지 않다. 장마 때가 되면 사람들은 우산을 준비해 가지고 다닌다.

생각에 못을 박지 말자.

생각 속에 철로를 깔아 놓으면 달릴 수 있는 건 오직 기차뿐이다.

엄마

바람개비를 돌아가게 한 건 바람이 아니었다.

바람개비를 돌아가게 한 건

바람개비의 구멍 뚫린 가슴이었다.

엄마를 기다리는 아이

혜원 씨는 자원 봉사자들과 함께 보육원 대문을 들어섰다. 아이들과 함께 저녁 식사를 했다. 곧바로 레크리에이션 시간이 이어졌다. 아이들은 기타 반주에 맞춰 손뼉을 치며 즐겁게 노래했다. 혜원 씨는 옆에 앉아 있던 남자아이 한 명을 번쩍 들어 자신의 무릎 위에 앉혔다.

"이름이 뭐니? 새로 온 것 같은데……."

"호영이요. 장호영……."

"남자답게 아주 잘생겼네. 몇 살이야?"

"일곱 살이요."

"내년이면 학교에 들어가겠네?"

"네. 근데요, 아줌마……. 제가 학교 들어갈 때 우리 엄마가 돈 많이 벌어서 온댔어요. 로봇하고 과자하고 많이많이 사 가지고 저 데리러 꼭 온다고 했거든요."

호영이는 머쓱해진 얼굴로 혜원 씨가 묻지도 않은 말들을 줄줄이 늘어놓았다.

레크리에이션이 끝나고 헤어질 시간이 되었다. 혜원 씨는 아이들 하나하나 손을 잡고 작별 인사를 했다. 호영이가 혜원 씨 곁으로 바짝 다가왔다. 엄지손가락을 빨며 쭈뼛쭈뼛 다가온 일곱 살 호영이 눈빛 속에 망설임이 있었다.

"호영아, 너 아줌마한테 할 말 있지?"

"아줌마, 저…… 저기…… 있잖아요."

"응. 그래, 호영아. 어서 말해 봐."

호영이 눈에 눈물이 가득 고였다. 호영이는 입술을 달싹이며 간신히 입을 열었다.

"아줌마, 있잖아요……. 저기…… 한 번만 안아 주시면 안 돼요?"

"호영아, 하고 싶은 말이 그거였어?"

"아줌마……. 어쩌면 우리 엄마가 저 데리러 안 올지도 몰라요. 다른 형들도 다 그랬대요."

호영이는 울먹거렸다.

"아냐, 호영아. 엄마는 호영이 데리러 꼭 오실 거야 꼭……."

혜원 씨는 목이 메어 더 이상 아무 말도 할 수 없었다. 자신을 통해 엄마를 느끼려 한 어린 호영이를 혜원 씨는 꼬옥 안아 주었다.

호영이는 참았던 울음을 터뜨렸다. 혜원 씨 눈가로 눈물 한 줄기가 흘러내렸다. 사방은 어둡고 고요했다. 옥수수 잎이 내려다보이는 창밖에는 가랑비가 낮게, 아주 낮게 내리고 있었다.

귀를 기울여야만 들을 수 있는 소리가 있다.

사랑이 오는 소리처럼.

거울

대학교 휴게실에서 여학생 두 명이 말다툼을 하고 있었다.

"네가 해 오기로 했잖아. 오늘까지 제출해야 하는데 어떡할래?"

"미안해, 정말 어쩔 수가 없었어. 어제 우리 오빠가 교통사고를 당했거든. 새벽까지 병원에 있느라 시간이 없었어. 정말 미안해."

과제물을 해 오지 못한 친구는 미안한 표정을 지으며 말했다.

"미안하다는 말로 끝날 일이 아니잖아. 이제 어떡하니? 시간도 없는데……."

"내가 조교실 찾아가서 내일까지 제출하면 안 되겠냐고 사정해 볼게."

"소용없어. 하루라도 늦으면 교수님이 점수 안 준다고 지난번에 분명히 말했잖아."

"그럼, 어쩌지……."

친구는 죄인처럼 고개를 떨구었다.

"그 과제물이 얼마나 중요한 건지 너도 잘 알잖아. 사정이 있어도 할 일은 했어야지. 나 이번에 장학금 꼭 받아야 한단 말이야."

"우리 오빠 많이 다쳤어. 나 오늘 학교에도 못 오는 건데 과제물 약속 때문에 겨우 온 거야……."

"너는 아직도 뭘 잘못한 줄 모르는구나. 어제 말고도 시간은 충분했었잖아."

"그래서 미안하다고 그랬잖아. 엎드려서 빌기라도 해야 네 마음이 풀리겠니? 나도 지금 너무 속상해. 정말 미안하게……."

친구의 간절한 사과에도 그녀는 자리를 박차고 일어났다. 쩔쩔매는 친구에게 그녀는 쏘아붙이듯 말했다.

"내 과제물은 나 혼자 알아서 할 거야. 네 건 네가 알아서 해. 너 한 사람 때문에 다른 사람이 힘들고 상처 받는다는 것도 곰곰이 생각해 봐."

그녀는 뒤도 돌아보지 않고 밖으로 나왔다.

그녀는 잠시 화장실 거울 앞에 섰다. 거울 속에 또 다른 그녀의 얼굴이 보였다. 그녀의 마음 깊숙한 곳으로부터 조용한 소리가 들려왔다.

'너는 다른 사람에게 상처를 준 적이 없니?'

그녀는 고개를 숙였다.

우리도 때로는 우리가 싫어하는 사람들과 똑같은 모습으로 세상을 살아간다.

초대장

사랑하는 당신……. 당신이 오신다는 생각에 저는 아무 일도 하지 못하고 있습니다. 동화 한 편을 쓰고 있습니다만 제가 글을 쓰는 건지 글이 저를 쓰는 건지 도무지 모르겠습니다.

당신께 드릴 산나물을 캐기 위해 오늘은 온종일 봄볕 속을 다녔습니다. 취나물, 돈나물, 씀바귀나물 향기를 당신께 드리고 싶었습니다.

지난날의 당신을 생각하면 저도 모르게 웃음이 나옵니다. 사랑은, 더 많이 사랑하는 사람이 늘 약자가 된다고 언젠가 당신은 수줍게 말하셨지요. 웃는 얼굴만으로도 사랑할 수 있다는 것을 당신을 만나고 알았습니다. 침묵으로 더 많은 말을 할 수 있다는 것도 당신을 만나고 알았습니다.

당신이 오실 날을 기다리며, 찾아오시는 길을 편지에 담아 보냅니다. 이 편지를 한 줄 한 줄 읽으시며 저를 찾아오세요. 수락산역에서 1131번 버스를 타고 종점에서 내리세요. '감나무 빵집'이 있는 골목을 따라 느린 걸음으로 15분 정도 올라오시면 곧게 뻗어 있는 산벚나무 오솔길이 나올 거예요. 산벚나무를 하나, 둘, 셋, 넷, 천천히 소리 내어 세면서 걸어오세요. 벚꽃 잎들이 눈송이처럼 분분히 날리더라도 눈을 꼭 감지는 마시고요. 지나오신 산벚나무가 몇 그루인지 까맣게 잊어버리실 지도 모르니까요. 서른두 번째 산벚나무까지 걸어오시면 바로 맞은편에 기린 키만 한 소나무 한 그루가 서 있을 거예요. 그 소나무가 있는 길로 걸어 들어오세요. 그 곳에서 가지마다 노란 꽃망울을 터트린 산수유나무가 보이실 거예요. 산수유나무 오솔길을 따라 다시 백 걸음 쯤 걸어 들어오세요. 오솔길이 끝나는 양지 바른 곳에 보랏빛 제비꽃들이 올망졸망 피어 있을 거예요. 그곳에 의자처럼 앉을 수 있는 느티나무 그루터기가 있습니다. 그루터기에 앉아 가만히 귀를 기울이시면 딱따구리 콕콕콕콕 나무 찍는 소리가 들릴지도 모릅니다. 봄바람이 다가와 당신 이마의 땀을 씻어주면 까치집이 있는 가장 키가 큰 나무를 찾으세요. 그 나무 아래까지 걸어오신 뒤 나직한 목소리로 아이처럼 '푸른 하늘 은하수'를 부르세요. 노래를 부르며 집들이 보이는 쪽으로 계속 걸어오세요. 노래가 끝나는 곳에서 제 이름을 불러주시면 맨발로 당신을 맞으러 가겠습니다.

당신이 오시면, 봄볕 내려앉은 툇마루 위에 앉아 진달래 화전을 부쳐 먹어도 좋을 것 같습니다. 당신과 마주 앉아 차를 마실 때 낭만 깊은 살구꽃잎이 찻잔 위로 하늘하늘 떨어져 내리면 당신 눈가에 눈물이 맺힐지도 모릅니다.

사랑하는 당신……. 당신이 오실 날을 생각하며 저는 오늘도 창가에 서서 소쩍새처럼 밤을 지새우고 있습니다. 별빛도 당신 얼굴이고, 달빛도 당신 얼굴이고, 앞마당에 피어 있는 살구꽃, 앵두꽃도 모두 다 당신 얼굴입니다. 밤이 많이 깊었습니다. 가까운 숲속에서 소쩍새 한 마리가 제 짝을 찾는지 목이 터지도록 '사랑의 찬가'를 부르고 있습니다. 이 봄이 다 가기 전에 당신이 오셨으면 좋겠습니다. 살구꽃, 앵두꽃 다 지기 전에 당신이 오셨으면 좋겠습니다.

(추신)
당신께서 나무 이름, 꽃 이름을 모르신다 해도 걱정하지 마세요. 다람쥐나 칠성무당벌레에게 길을 물어보실 필요도 없습니다. 제가 살고 있는 마을은 나무와 꽃들에게 큼지막한 이름표를 달아 주는 마음씨 착한 아이들이 살고 있는 숲속 마을이니까요.

152 / 연탄길 세번째

낙타 할아버지는 어디로 갔을까

봉구는 초등학교 1학년이었다. 봉구는 학교가 끝나면 친구들과 함께 동네 공터로 달려갔다.

공터에는 등에 커다란 혹이 있는 할아버지가 있었다. 뽑기 장사를 하는 할아버지였다. 할아버지는 파라솔 같은 커다란 우산을 펼쳐 놓고 온종일 그 안에서 뽑기를 만들었다. 봉구는 친구들과 함께 매일매일 뽑기를 했다. '달고나'도 맛있게 만들어 먹었다. 허리를 잔뜩 구부리고 국자의 설탕을 녹이는 아이들이 있으면 봉구는 살금살금 다가가 통침을 콕 놓고 도망치기도 했다.

아이들은 뽑기 할아버지를 '낙타 할아버지'라고 불렀다. 뽑기 할아버지의 등이 낙타처럼 생겼기 때문이다.

"할아버지, 할아버지 등에 축구공이 들어 있나요? 꼭 낙타 같아요. 히히."

아이들이 낙타라고 놀려도 할아버지는 웃기만 했다.

햇볕이 내려앉은 담벼락에 기대앉아 봉구는 낙타 할아버지가 찍어 준 십자가와 별을 조심조심 뽑았다. 바늘을 몰래 가져와, 바늘 끝에 침을 묻혀 가며 가장 어려운 별을 뽑는 아이들도 있었다. 봉구는 아무리 조심조심 해도 뽑기가 잘 되지 않았다.

별 모양이 거의 다 나왔다가도 마지막엔 톡톡 부러지고 말았다. 봉구는 화가 났다.

"봉구야, 내일 다시 오거라."

봉구는 웃으며 그렇게 말하는 낙타 할아버지가 미웠다.

봉구는 심술이 났다. 봉구는 집에서 크레파스를 가지고 나왔다. 봉구는 동네 담벼락 여기저기에 낙타 그림을 그렸다. '뽑기 아저씨는 낙타래요.'라고 여기저기에 낙서도 잔뜩 해 놓았다.

봉구는 한동안 뽑기를 하지 않았다. 하루 종일 검둥이랑 놀다가 아래쪽 공터에 있는 낙타 할아버지를 힐끔힐끔 내려다보기만 했다.

　봉구가 엄마한테 매를 맞았다. 동네 담벼락에 크레파스로 낙서를 해 놓은 사람이 봉구였기 때문이다. 봉구는 대문 밖에서 엉엉 소리 내어 울었다.
　"봉구야! 이리 오렴."
　낙타 할아버지였다. 낙타 할아버지는 따뜻한 목소리로 봉구를 불렀다. 낙타 할아버지는 돈도 받지 않고 봉구에게 뽑기를 만들어 주었다.
　"봉구야, 할아버지가 비밀 하나 알려 줄까?"
　봉구는 가만가만 고개를 끄덕였다.
　"할아버지 등이 불룩하잖아. 왜 그런지 아니? 할아버지의 등은 어릴 적에 수박 밭에서 잠을 자서 불룩해진 거야. 수박 밭에서 자고 있는데 수박 덩굴이 수박 하나를 내 등에 몰래 만들어 놓고 갔지 뭐냐."
　봉구는 눈이 동그래져서 낙타 할아버지를 바라보았다.
　"봉구야, 이건 아무한테도 말하면 안 되는 비밀이다. 알았지?"
　"네."
　봉구는 비밀을 말해 준 낙타 할아버지가 예전처럼 밉지 않았다.

가을비가 내렸다. 낙타 할아버지의 커다란 우산이 비를 맞고 있었다. 어느 날부터 낙타 할아버지가 오지 않았다. 며칠째 커다란 우산만 담벼락에 세워져 있었다. 봉구는 한참 동안 그 옆에 서 있었다.

다음 날도, 그 다음 날도 낙타 할아버지는 오지 않았다. 가을이 다가도록 낙타 할아버지는 오지 않았다.

첫눈이 내렸다. 봉구는 눈을 맞으며 검둥이를 데리고 공터로 갔다. 낙타 할아버지의 커다란 우산이 눈 속에 파묻혀 있었다. 봉구는 우산을 바로 세워 놓았다. 우산이 눈 속에 파묻혀 있으면 낙타 할아버지가 슬퍼할 것 같았다.

봉구는 담벼락에 그려 놓은 낙타 그림과 낙서를 지웠다. 손끝이 빨개지도록 지우고 또 지웠다. 환하게 웃던 낙타 할아버지 얼굴이 떠올랐다.

봉구는 잠자리에 누워 낙타 할아버지를 생각했다.

"할아버지, 다시 오실 거죠? 뽑기 우산은 제자리에 있어요. 낙타 그림도 낙서도 모두 깨끗이 지웠어요."

어두운 창 밖에는 눈이 내리고 있었다. 봉구는 눈물이 나올 것 같았다.

해바라기

초등학생 영희는 아빠와 꽃밭 앞에 앉아 있었다.

영희는 시무룩한 얼굴로 아빠에게 말했다.

"아빠 있잖아, 나 요즘 마음이 너무 아파."

"왜, 무슨 일 있니, 영희야?"

"내 짝꿍 보라 있잖아. 지방에 있는 학교로 전학 간대. 보라 아빠가 하던 장사가 망해서 시골 할머니 집으로 이사 가나 봐."

"참 안됐구나."

아빠는 쯧쯧 혀를 차며 말했다.

"아빠, 보라 전학 가고 나면 어떡하지?"

샐쭉한 표정을 짓고 있던 영희 얼굴에 슬픔이 가득했다.

"영희야, 살다 보면 많은 사람들을 만나고 또 헤어지기도 하는 거야. 보라하고 편지를 주고받으면 되잖아. 너무 마음 아파하지 마……."

노란 해바라기를 바라보며 영희가 아빠에게 물었다.

"아빠, 저 해바라기 좀 봐. 바람 불면 금방 쓰러질 거 같아, 그치?"

"해바라기가 조금 기울었구나."

"아빠, 해바라기 신기해. 얼굴이 저렇게나 큰데 쓰러지지 않잖아. 얼굴이 한쪽으로만 기울어져 있으니까 쓰러질 것 같은데……."

영희는 고개를 갸웃거렸다.

"영희야 해바라기가 쓰러지지 않는 건 햇빛을 좇아서 얼굴을 돌리기 때문이야."

"정말이야, 아빠?"

"응, 정말이야. 햇빛이 부족한 날이면 해바라기는 햇빛을 좇아 얼굴을 조금씩 돌린대. 얼굴에 촘촘히 박혀 있는 씨앗을 잘 여물게 하려고 말이야. 해바라기가 무거운 얼굴을 한쪽으로만 숙이고 있으면 쓰러지고 말 거야. 그런데 해바라기는 햇빛을 좇아서 얼굴을 조금씩 돌리니까 쓰러지지 않는 거래."

"우와 신기하다, 아빠······."

"영희야, 사람 사는 일도 마찬가지야. 기쁜 일만 있어도 교만 때문에 쓰러지고, 슬픈 일만 있어도 절망 때문에 쓰러지거든. 슬프다고 고개를 숙이고 있으면 안 돼. 해바라기처럼 밝은 곳을 보려고 자꾸만 애를 써야지."

영희는 웃으며 고개를 끄덕였다.
바람 한줄기가 햇볕에 그을린 해바라기 얼굴을 살며시 흔들고 지나갔다.

막차

자정 무렵, 몸도 못 가눌 정도로 술에 취한 친구를 업고
한 청년이 복잡한 막차에 올라탔다.
이마에 송골송골 땀이 맺힌 그는 술에 취한 친구를
등에 업은 채, 가쁜 숨을 몰아쉬고 있었다.
"자, 여기 앉히세요."
한 남자가 벌떡 일어나 자신의 자리를 양보해 주었다.
"고맙습니다. 정말 고맙습니다."

청년은 등에 업은 친구를 조심스럽게 자리에 앉혔다.
술 취한 친구는 창백한 얼굴로 잠들어 있었다.
청년은 친구 입가에 흉하게 묻어 있는 것들을
자신의 옷소매로 조심조심 닦아냈다.

아무도 그들을 나무라지 않았다.

소중한 선물

이병구 선생 앞으로 네 명의 여자아이들이 꽃다발을 들고 몰려갔다.

"선생님, 스승의 날 축하드려요."

"왜 이런 걸 사 왔어?"

이병구 선생은 카네이션 꽃다발을 가슴에 안고 꽃송이에 코끝을 대 보았다.

아이들은 밝게 웃으며 쪼르르 교무실을 나갔다. 교무실 한쪽에 선영이가 서 있었다.

이병구 선생은 선영이가 상처 받을지도 모른다는 생각에 꽃다발을 책상 아래로 내려놓았다.

"선생님, 여기요……."

"그래. 고맙다, 선영아."

"사실은 저도 선생님께 선물을…… 해 드리고 싶었는데……."

"아냐, 선영아. 네 편지가 선생님한테는 귀한 선물이야. 지난번 네가 준 편지 읽고 선생님이 얼마나 용기를 얻었는데, 고마워. 선영아."

수줍게 미소 짓던 선영이는 교무실 출입문 쪽으로 걸어 나갔다.

갑작스러운 비가 내리기 시작했다. 우산이 없었기 때문에 이병구 선생은 교무실에 앉아 있었다. 비가 그치기를 기다렸지만 한 시간이 넘도록 비는 그치지 않았다.

교무실을 나온 이병구 선생은 가랑비 속으로 성큼성큼 걸어 나갔다. 쇼핑백 속의 꽃과 선물이 비에 젖었다. 선물을 준 아이들에게 미안한 마음이 들었다.

"선생님!"

등 뒤에서 다급한 목소리가 들렸다. 선영이었다. 선영이는 이병구 선생에게 다가와 우산을 받쳐 주었다.

"아니, 여태 집에 안 갔어?"

"네……. 오늘 방송반 모임이 있어서요."

"그랬구나. 어쨌든 고맙다."

선영이가 얼굴을 붉히며 고개를 숙였다.

"가족 중에 혹시 기상청 다니는 사람 있니?"

이병구 선생이 장난스럽게 물었다.

"비 올지 모른다고 엄마가 아침에 챙겨 주셨어요."

건물 밖에 서서 선영이가 한 시간이 넘도록 기다렸다는 것을 이병구 선생은 몰랐다.

두 사람은 버스 정거장 앞에 서 있었다. 선영이는 말이 없었다.

"선영아, 내가 타고 갈 버스가 온다. 나 먼저 갈게. 고마워."

"선생님, 이 우산 선생님이 가져 가셨으면 좋겠는데……."

선영이는 간절한 눈빛으로 말끝을 흐렸다. 혹시라도 선생님이 싫다고 할까 봐 선영이 가슴은 콩콩 뛰었다.

"아냐, 나는 버스에서 내리면 집이 가깝거든. 우산은 없어도 돼, 선영아."

"선생님 비 맞으면 안 되잖아요. 선물이 비에 다 젖는데……."

"선영이 네 교복이 젖는 것보다 낫잖아."

이병구 선생은 웃으며 말했다.

"그래도 이 우산 선생님이 가져가세요. 아이들이 준 선물, 비에 젖으면 안 되잖아요."

선영이 목소리는 점점 안으로 기어 들어갔다.

"선생님, 안녕히 가세요!"

선영이는 다급히 인사를 하고 우산을 남겨둔 채 빗줄기 속으로 뛰어갔다. 이병구 선생이 몇 걸음 따라갔지만 선영이는 이미 멀리 달려가고 있었다.

스승의 날 선물을 준비하지 못했다는 것 때문에 선영이는 많이 쓸쓸해 보였다. 하지만 선영이는 다른 아이들이 준 선물이 비에 젖을까 봐 우산을 남겨 둔 채 빗줄기 속으로 뛰어나갔다.

이병구 선생의 코끝이 찌르르 떨려 왔다.

너를 사랑한다 말할 때까지

　경미는 커피숍에 앉아 시계를 들여다보았다. 약속 시간이 가까워질수록 초조해졌다. 지난번 현수와 만났을 때 심하게 다툰 일이 생각났다.
　경미가 먼저 전화를 걸어 현수를 만나자고 했다. 현수에게 헤어지자고 말할 작정이었다.
　현수는 약속 시간이 조금 지나 커피숍에 도착했다.
　"오빠, 우리 이제 그만 만나."
　경미의 목소리는 단호했다.
　현수는 그날 오전, 경미 전화를 받았을 때 경미의 마음을 알아차릴 수 있었다. 현수는 담담한 표정이었다.

"경미 네 마음을 이해할 수 있어. 쥐꼬리만한 월급 받으며 봉사 단체에서 일하는 내가 무슨 말을 할 수 있겠니."

현수는 훅 하고 깊은 숨을 내쉬었다.

"난 이제 더 이상 할 말이 없어. 우린 성격도 잘 맞지 않는 것 같고, 솔직히 나는 꿈이 있는 남자가 좋아. 난 오빠한테 어울리지 않는 것 같아."

현수는 창밖만 바라보며 말이 없었다. 잠시 침묵이 흘렀다.

창밖으로 한 노부부가 지나가고 있었다. 얇은 담요를 무릎에 덮은 할아버지는 휠체어에 앉아 있었고, 중풍 걸린 할머니는 한쪽 손이 호미처럼 오그라들어 있었다. 할머니는 할아버지가 타고 있는 휠체어를 한쪽 손으로 밀고 있었다.

"경미야, 창밖을 봐, 저기 가는 할아버지, 할머니 말이야. 두 분 다 많이 아프시지만 그래도 행복해 보이지 않니?"

"몸이 아픈데 뭐가 행복하겠어?"

경미 목소리에 짜증이 묻어 있었다.

현수가 다시 말했다.

"몸은 아프지만, 저분들은 서로의 아픔을 위로하고 계시잖아. 할아버지는 할머니가 휠체어를 밀어 줘서 좋으실 거야. 할머니는 불편한 몸으로도 할아버지를 밀어 드릴 수 있으니까 좋을 것 같고……."

경미는 고개만 끄덕였다.

"오빠는 착한 사람이니까 좋은 사람 만날 거야."

경미 목소리가 조금씩 떨리고 있었다.

"사실은 오늘 너한테 헤어지자는 말 듣게 될 줄 알았어. 그래서 여기까지 나오기가 쉽지 않았지. 하지만 잡지 않을게. 대신 한 가지 부탁이 있어. 혹시라도 나를 다시 만나 준다면, 그때가 언제라도 괜찮아. 기다리고 있을게."

현수는 웃으며 말했다.

경미는 아무런 대꾸도 하지 않았다.

"경미야, 나 먼저 갈게. 너를 먼저 보내면 마음이 아플 것 같아서 그래. 빨리 가서 카네이션 사야겠다. 내일이 어버이날이니까……."

현수는 자리에서 일어나 경미에게 악수를 청했다. 경미가 손을 내밀었을 때 현수가 차분한 목소리로 말했다.

"기다릴게……."

현수의 슬픈 얼굴을 보며 경미 마음은 금세 짠해졌다. 경미의 마음이 출렁거렸다. 지난번 다툰 일로 화가 안 풀려서 괜한 말을 한 게 아니냐고, 경미는 스스로에게 되물었다.

현수는 커피숍 출입문을 나서고 있었다.

창밖엔 부슬부슬 비가 내리기 시작했다. 경미는 창가에 앉아 건널목을 건너는 현수의 뒷모습을 바라보았다.

현수는 슈퍼마켓으로 달려가 주인과 이야기를 나누고 있었다. 현수는 슈퍼 앞에 놓여 있는 원형 탁자에서 커다란 파라솔을 빼냈다. 경미는 멀뚱한 눈으로 현수를 바라보고 있었다.

파라솔을 든 현수는 길 한쪽으로 달려갔다. 현수가 걸음을 멈춘 곳엔 조금 전 보았던 할아버지, 할머니가 느릿느릿 걸어가고 있었다. 현수는 파라솔을 활짝 편 다음, 할아버지, 할머니 머리 위에 파라솔을 드리웠다. 바람이 불 때마다 커다란 파라솔이 휘청거렸다. 몸의 중심을 잡기 위해 현수도 기우뚱거렸다.

경미 가슴속에 찡한 아픔이 밀려왔다. 한쪽 손이 오그라든 아버지가 생각났다. 경미 아버지는 중풍을 앓다가 일 년 전 그녀 곁을 떠났다.

그녀가 사다 준 카네이션을 가슴에 달고 기뻐하시던 아버지…….

경미는 커피숍 창가에 앉아 가물가물 멀어져 가는 현수를 바라보았다.

비바람 속을 걸어가는 현수가 한 걸음 한 걸음 경미에게서 멀어질 때마다 돌아가신 아버지가 한 걸음 한 걸음 경미 가슴속으로 걸어 들어왔다.

그 후로 며칠 동안, 경미는 자신의 행동을 후회했다. 현수에게 헤어지자고 말한 것은 진짜 마음이 아니었다. 경미는 용기를 내어 휴대폰을 꺼냈다. 입술을 지그시 깨물고 현수의 전화번호를 꾹꾹 눌렀다.

오후의 눈부신 햇살이 찔레꽃처럼 하얀 그녀의 얼굴 위로 부서지고 있었다.

내 짝꿍 용배

용배는 커다란 눈을 가진 수더분한 아이였습니다. 아이들은 용배를 바보라고 불렀습니다. 개구진 아이들은 용배를 '똥빼'라고도 불렀습니다.

햇살 고운 어느 날이었습니다. 아이들의 종알대는 소리로 교실 안은 소란스러웠습니다. 교실 한쪽 책상에 앉아 일을 하고 있던 여자 담임선생님은 일손을 잠시 멈추고 아이들을 타일렀습니다.
"조금만 조용히 해라. 선생님이 지금 너무 바빠서 그래……."
선생님의 말에 교실 분위기는 잠시 수그러들었습니다. 하지만 얼마 지나지 않아 아이들은 속달속달 수선을 피워 댔습니다. 선생

님은 더 이상 참지 못하고 버럭 화를 냈습니다.

"조용히 좀 하라니까! 몇 번을 말해야 알아듣겠어? 선생님이 바쁠 때는 조용히 자습할 줄도 알아야지."

순하기만 했던 선생님이 무서운 눈빛을 일렁이며 아이들을 야단쳤습니다. 교실 안은 순식간에 쥐 죽은 듯 조용해졌습니다. 선생님은 일하던 책상으로 다시 돌아갔습니다. 그런데 잠시 후, 아이들의 소곤거리는 소리가 들리더니 여기저기서 쿡쿡 웃음소리가 터졌습니다.

"도대체 누구니?"

선생님은 교실 뒤쪽으로 성큼성큼 걸어갔습니다. 아이들이 바보라고 놀려대는 용배의 등 뒤에 누런 종이가 붙어 있었습니다. 종이에는 삐뚤빼뚤 커다란 글씨로 '똥빼 바보'라고 씌어 있었습니다. 개구쟁이 영만이가 붙여 놓은 거였습니다.

"누가 이런 짓을 했어? 누구야?"

선생님이 무서운 얼굴로 묻자, 영만이가 딸막딸막거리며 슬며시 손을 들었습니다.

"영만이 앞으로 나가서 손들고 서 있어."

대추씨만 한 영만이가 잔뜩 풀 죽은 얼굴로 자리에서 일어났습니다.

"영만이 너는 손들고 여기 서 있다가 떠드는 아이가 있으면 앞으로 불러내. 떠드는 아이를 불러내고 너는 들어가면 돼. 알았지?"
"네."

잠시 후, 영만이는 짝궁과 소곤거리는 남자아이를 불러냈습니다. 불려 나온 아이는 영만이를 향해 전구알 같은 눈을 부라렸습니다. 앵돌아진 얼굴로 서 있던 아이는 채 일 분도 안 돼 떠들지도 않은 용배를 날 선 목소리로 불러냈습니다.
"용배, 너 나와."
용배는 얼떨떨한 표정을 지으며 교실 앞으로 나갔습니다.

용배는 두 손을 번쩍 들고 교실 앞에 섰습니다. 물렁팥죽 같은 용배가 앞에 서 있었기 때문에 아이들은 마음 놓고 시시덕거렸습니다. 깨죽깨죽 까불며 자리를 옮겨 다니는 아이도 있었고, 움켜쥔 주먹을 용배에게 들어 보이는 아이도 있었습니다. 고갯방아를 찧으며 꾸벅꾸벅 조는 아이도 있었습니다. 용배는 큰 눈을 슴벅이며 떠드는 아이들을 바라보기만 했습니다. 용배는 너무나 착해서 친구를 불러낼 아이가 아니었습니다. 바윗덩이처럼 무거워진 두 손을 치켜들고 용배는 끙끙 신음소리를 냈습니다. 용배는 팥죽같이 땀을 흘리며 이십 분이 넘도록 서 있었습니다.

"용배, 너 정말 아무도 불러내지 않을 거야?"

선생님은 고통스러워하는 용배가 안쓰러워 으름장을 놓았습니다. 용배는 눈물이 그렁그렁한 눈으로 선생님을 잠시 바라보더니 이내 다시 고개를 떨구였습니다. 용배의 이마 위에 송골송골 맺혀 있던 땀방울이 용배의 눈물과 함께 교실 바닥으로 방울방울 떨어졌습니다. 쉬는 시간 종이 울릴 때까지 용배는 아무도 불러내지 않았습니다. 선생님은 자리에서 일어나 용배에게 다가갔습니다.

"용배야, 이제 그만 손 내려도 돼."

선생님은 땀과 눈물로 뒤범벅이 된 용배를 안아 주며 말했습니다.

"용배야, 미안해……. 선생님이 너무 미안해……. 이렇게 착한 용배를 친구들은 왜 바보라고 놀리는지 모르겠구나."

선생님은 용배 눈가로 흘러내리는 눈물을 가만가만 닦아 주었습니다. 눈물을 닦아 주는 선생님의 눈가에도 눈물이 어른거렸습니다. 용배를 괴롭히던 아이들도 모두 다 고개를 떨구었습니다. 창문 밖 은행잎이 팔랑팔랑 춤을 추며 땅 위로 내려앉고 있었습니다.

연못은 제 가슴의 크기만큼 별빛을 담는 거라고 우리들은 말했습니다. 겉모습만 울창할 뿐, 우리들의 사랑은 용기가 없었습니다. 우리들의 사랑은 인내하지 않았습니다.

봄을 배달하는 할아버지

산길을 내려가는 할아버지 지게 위에 마른 나뭇가지가 산처럼 쌓여 있었다. 지게에 얹힌 마른 나뭇가지 위에 할아버지가 꺾어 놓은 한 무더기 진달래꽃도 있었다. 노랑나비 한 마리가 할아버지의 지게 위에 놓여있는 진달래꽃을 따라 깝신깝신 날아가고 있었다. 할아버지는 자꾸만 고개를 돌려 뒤쫓아 오는 나비를 바라보았다.

"이 녀석아, 사방팔방 지천에 꽃인데 왜 자꾸 나만 따라오는 게야? 이 꽃은 네가 탐할 꽃이 아니야. 우리 할망구 갖다 주려고 꺾어 놓은 꽃이거든……. 겨우내 아파서 방에만 누워 지냈으니 얼마나 답답했겠어……."

할아버지의 말을 못 들은 척, 나비는 너울너울 진달래꽃을 따라갔다. 봄바람을 맞으며 진달래꽃도 간댕간댕 얼굴을 흔들었다.

등 뒤에 높은 산을 짊어지고도 봄을 배달하는 할아버지의 발걸음은 가벼웠다. 할아버지가 걸어간 산길 위에 봄의 발자국이 다문다문 찍혀 있었다. 노랑나비 날아간 허공 위에 봄의 발자국이 팔랑팔랑 찍혀 있었다.

엄마는 감자꽃이다

우리 엄마는 감자꽃이다.

맛있는 건 모두 다

땅속에 있는 동글동글한 자식들에게 나눠 주고

여름 땡볕에 노랗게 시들어 가는

하얀 감자꽃이다.

어두워야만
빛나는 것들이 있다

기훈이는 고등학교 2학년이었다. 아버지의 사업 실패로 기훈이네 집은 산동네 단칸방으로 이사를 해야 했다. 성냥갑만 한 집들이 들꽃처럼 옹기종기 모여 앉아 있는 산동네는 아이들 우는 소리, 개 짖는 소리, 부부 싸움하는 소리가 유난히 크게 들렸다. 기훈이네는 당장의 생활비도 없었다. 기훈이는 돈을 벌어야 했기 때문에 더 이상 학교도 다닐 수 없었다.

기훈이는 재래시장에서 야채 상자를 날랐다. 화가의 꿈을 접어야한다는 게 그에겐 가장 큰 아픔이었다.
엄마와 여동생은 산동네 아래 있는 조그만 공장에서 일했다. 엄마와 여동생이 일하는 공장을 피해가고 싶었지만 버스 정류장으로 가는 길은 하나 밖에 없었다.

추운 겨울이었다. 시장으로 가는 길, 기훈이는 여느 때처럼 공장 안쪽을 들여다보았다. 공장 마당에서 엄마와 여동생이 일하고 있었다. 두 사람은 어린 송아지만 한 마대 자루를 힘겹게 나르고 있었다. 여동생의 얼굴이 새파랗게 얼어 있었다. 어린 딸 힘들지 않게 하려고 엄마는 가슴 가득 마대 자루를 끌어안고 있었다. 한 걸음씩 한 걸음씩 걸음을 옮기는 엄마가 금세라도 쓰러질 것 같았다. 남색 점퍼를 입은 공장 직원이 담배를 뻑뻑 빨아 대며 고추 먹은 소리로 말했다.

"이 사람들이 죽도 못 먹고 왔나……. 그렇게 늑장부리다가 어느 세월에 일 끝낼 거요."

엄마는 공장 직원에게 머리를 조아리고 있었다. 기훈이는 시장으로 가는 내내 엄마와 여동생 얼굴이 생각났다.

퀴퀴한 단칸방을 들어서는데 고기 냄새가 고소했다.

"오늘은 좀 늦었구나."

기훈이 엄마가 말했다.

"오빠, 오늘 엄마하고 나하고 첫 월급 받았어. 오빠 주려고 엄마가 삼겹살 사 왔어. 맛있겠지? 많이 먹어 오빠…….”

여동생은 가지런한 앞니를 드러내며 냉이꽃처럼 웃고 있었다. 기훈이는 아무 말도 할 수 없었다.

“기훈아, 아 해 봐…….”

엄마는 상추에 싼 큼지막한 고기를 기훈이 입이 넣어 주었다. 고기를 오물거리는 기훈이 눈에 눈물이 가득 고였다. 기훈이 얼굴을 타고 눈물이 흘러내렸다.

“기훈아……. 왜 그러니?”

“아니에요, 엄마…….”

“밖에서 안 좋은 일 있었니? 얼굴이 해쓱하구나.”

“아니에요…….”

기훈이는 울먹이며 말끝을 맺지 못했다. 입안에 있는 고기가 삼켜지지 않았다.

재래시장엔 언제나 삶의 활기가 묻어 있었다. 기훈이는 생선 파는 아저씨에게로 갔다. 기훈이에게 늘 따뜻하게 대해 주었던 마음씨 고운 아저씨였다. 아저씨는 늘 솔바람처럼 웃고 있었다. 아저씨는 오른쪽 손가락 두 개가 없었다.

“아저씨 옆에서 장사할 수 있게 해 주세요. 감자나 양파 같은 걸 팔게요.”

"리어카 장사 아무나 하는 거 아니다. 생각보다 많이 힘들어."

아저씨는 고개를 저으며 손사래를 쳤다.

"아저씨, 도와주세요. 아저씨 일도 많이 도와드리면서 할게요."

"매일 새벽바람에 물건도 떼 와야 하고 리어카 옆에 붙어 서서 온종일 지껄여야하는데 할 수 있겠어? 이 손님 저 손님 비위 맞춰 가며 고갯장단 맞추는 일도 보통 일이 아녀⋯⋯."

"할 수 있어요. 아저씨⋯⋯. 저, 뭐든 할 수 있어요."

"내 옆에 바짝 붙어 있으면 딴죽 걸 사람은 없겠지. 물건도 요령껏 팔면 그만이고⋯⋯. 하지만 리어카 장사가 생각만큼 만만치는 않을 것이구먼⋯⋯."

기훈이는 아저씨 옆에서 리어카 양파 장사를 시작했다. 낮에는 양파를 팔았고, 밤에는 검정고시 학원에 다녔다. 기훈이는 화가의 꿈을 포기할 수 없었다. 그렇다고 미술학원을 다니며 매달마다 몇 십 만원을 낼 수 있는 형편은 아니었다.

기훈이는 양파를 팔면서도 짬짬이 그림을 그렸다. 주름진 손에 생선을 들고 지나가는 사람들과 일일이 눈을 맞추는 생선 파는 할머니의 간절한 눈빛을 그렸고, 썰렁한 좌판에 돌아 앉아 젖을 먹이는 아기 엄마의 뒷모습도 그렸다. 불빛이 사위어 가는 드럼통 주변

에 서서 파리 손을 비비며 정겨운 대화를 나누는 아저씨들의 고단한 눈빛도 그렸고, 길에서 이불을 팔다가 이불에 기대어 잠든 할머니의 지친 얼굴도 그렸다.

노천 시장이었기 때문에 비가 내리면 장사를 할 수 없었다. 기훈이는 우산도 없이 길을 걷다가 화방 앞에서 걸음을 멈췄다. 석고상이 보였다. 아그리파, 줄리앙……. 아직은 때가 아니라고 스스로를 타일렀지만 도무지 그곳을 지나칠 수 없었다. 기훈이는 용기를 내어 화방으로 들어가 석고로 만들어진 아그리파 상을 샀다.

기훈이는 비가 새는 산동네 단칸방 구석 벽에 조그만 단상을 만들었다. 단상 위에 아그리파 상을 올려놓았다. 눈물이 나올 것만 같았다. 기훈이는 아그리파 상 앞에 앉아 틈틈이 그림을 그렸다.

뜨거운 여름 날, 작은아버지가 집에 왔다. 작은아버지는 방 한쪽에 있는 기훈이의 그림을 보았다.
"기훈이 네가 그린 거니?"
"네."
"아주 잘 그렸구나. 네가 미술대학 가고 싶어 한다고 엄마를 통해 들었는데. 맞니?"

"네……. 지금은 그냥 준비만 하고 있어요."

"진짜로 화가가 되고 싶은 거니?"

"네."

"어릴 적부터 그림 그리는 걸 그렇게 좋아하더니 결국은 화가가 되고 싶었던 거로구나."

작은아버지는 잠시 사이를 두었다가 말을 이었다.

"기훈아, 내일 작은아버지하고 강남역에서 만나자. 이 그림들을 꼭 가지고 와라."

다음 날, 기훈이는 강남역 앞에서 작은아버지를 만났다. 작은아버지는 근처 미술 학원으로 기훈이를 데려갔다. 미술학원 원장은 작은아버지와 선후배 사이였다.

"기훈이라고 했지?"

"네. 유기훈입니다."

"작은아버지를 통해 너의 사정은 대충 들었다. 학원비는 5만원만 내거라. 한 달 후부터 내면 된다. 그림을 그리는 사람은 마음을 한 곳에만 묶어 두면 안 된다. 줄에 묶여 있는 강아지는 줄의 길이만큼만 볼 수 있고 줄의 길이만큼만 생각할 수 있으니까……. 인천에서 여기까지는 꽤 먼 거린데 매일 다닐 수 있겠니?"

"네……."

원장은 따뜻한 미소를 짓고 있었다.

기훈이는 낮엔 양파를 팔았고 저녁엔 학원에서 그림을 배웠다. 기쁨의 날들이었다. 그로부터 한 달이 지나갔다.
"저……. 원장님……. 학원비입니다……."
턱 없이 모자란 학원비를 건네며 기훈이는 얼굴을 들 수 없었다. 기훈이는 원장실을 빠져나와 화실로 돌아왔다. 어둠이 푸슬푸슬 내린 화실에 앉아 기훈이는 그림을 그리고 있었다. 원장이 기훈이를 불렀다. 원장은 기훈이에게 하얀 봉투 두 개를 건네주었다.
"이 봉투는 기훈이 네가 나에게 준 학원비 봉투고 이건 내가 주는 거다. 열심히 일하면서 공부하는 너에게 학원비를 받을 수 없구나. 물감 살 때 보태 거라. 힘들어도 이겨낼 거라고 믿는다. 기훈아, 어두워야만 빛나는 것들이 있으니까 힘내라."
기훈이는 아무 말 없이 고개를 숙이고 있었다. 갈색 탁자 위로 눈물이 떨어졌다. 울지 않으려고 아무리 마음을 다잡아도 자꾸만 눈물이 나왔다. 원장은 그 후로도 5만원이 들어 있는 봉투를 매달 기훈에게 주었다.

미술 재료를 사는 날이면 기훈이에겐 라면 한 그릇 사먹을 돈이 없었다. 배가 고파 어지러우면 잠자리처럼 길 위에 앉아 있기도 했다. 하지만 그림을 그릴 수 있었기에 기훈이는 슬프지 않았다. 기훈이는 그 이듬해 홍익대학교 미술대학에 합격했다.

합격자 발표가 있던 날, 기훈이는 양파 장사를 할 수 있게 도와준 아저씨를 찾아갔다. 미술학원 원장은 눈물을 글썽이는 기훈이를 안아 주었다. 세상은 고등학교조차 다닐 수 없었던 기훈이를 사랑으로 감싸 주었다. 사랑이 있었기에 기훈이는 깊은 절망을 이겨 낼 수 있었다. 아무리 험한 산도 그 가슴속 어딘가에는 오를 수 있는 길이 있다. 쓰러지고 또 쓰러져도 꿈을 포기하지 않는 자에게 세상은 자기 가슴을 열어 준다.

꽃이 피는 날에도,
꽃이 지는 날에도

연이 씨 아버지는 고향을 떠나온 후 도시의 작은 건물에서 경비 일을 했다. 아버지는 칠십의 나이가 되어서야 경비 일을 그만두었다. 늙어서 아무것도 할 수 없다는 무력감으로 늘 우울해하는 아버지를 바라보며 연이 씨는 마음이 아팠다. 그토록 습습했던 아버지의 모습이 보이지 않았다. 아버지의 산나물 같은 미소도 더 이상 볼 수 없었다. 연이 씨는 아버지를 돌아보지 않았던 지난 시간이 마음 아팠다.

연이 씨는 아버지에게 한 가지 제안을 했다.
"아빠, 이번 주 휴일부터 자전거 타는 법 가르쳐 줘. 휴일마다 매일매일……. 아빠가 자전거 가르쳐 주면 내가 아빠한테 수업료 낼게."

연이 씨는 아픔을 꽁꽁 감추며 말했다. 아버지에게 받는 마지막 가르침이 될지도 모른다는 생각에 연이 씨는 마음이 짠했다.

딸에게 자전거를 가르쳐 주기 위해 늙으신 아버지는 망가진 자전거를 고쳤다. 산뜻한 마음으로 자전거를 고치는 아버지를 바라보며 연이 씨 마음에 회한이 스쳤다.

"좀 더 잘 해 드릴 걸……. 그동안 나 때문에 아버지가 얼마나 애태우셨을까……."

쨍쨍한 햇볕을 맞으며 연이 씨는 아버지와 함께 자전거를 가지고 근처 공원으로 갔다. 자전거 위에 앉아 중심을 잡지 못하는 딸이 다칠까 봐 늙으신 아버지는 있는 힘을 다해 자전거 뒤를 붙잡아 주었다. 약간의 치매까지 앓고 있는 아버지가 정신을 놓지 않으려고 애쓰는 모습이 연이 씨는 눈물겨웠다.

자전거를 배우고 집으로 돌아오는 길, 연이 씨는 자전거 뒤에 탔다. 아버지는 힘든 내색을 하지 않으려고 힘차게 페달을 밟았다. 알탕갈탕 자전거 페달을 밟는 아버지의 몸이 감당할 수 없을 만큼

휘청거렸다. 아버지의 밭은기침 소리도 들렸다.

"아빠, 우리 내려서 걸어갈까?"

"걸어가기엔 너무 멀어."

아버지는 더 힘차게 자전거 페달을 밟았다. 연이 씨 눈에 눈물이 맺혔다.

"아빠……. 오래오래 살아야 돼. 알았지?"

하루가 다르게 말수가 적어지는 아버지는 아무 말이 없었다. 잠시 후 아버지의 느릿느릿한 목소리가 등 뒤로 들려왔다.

"연이야, 아빠가 너무 늦게 자전거를 가르쳐 줘서 미안하구나."

아버지는 그렇게 말하고 덤덤히 쓴침만 삼켰다. 바람이 울며 지나갔다. 아픔이 목까지 차올라 연이 씨는 아무 말도 할 수 없었다. 깨금발을 하고 가슴 가득 아버지를 안았던 어린 시절이 생각났다. 아버지의 앙상한 등 위에 연이 씨는 가만히 얼굴을 기댔다. 연이 씨 얼굴을 타고 눈물이 흘러내렸다. 오랜 방황 끝에 이제야 돌아왔는데 아버지는 떠날 시간을 준비하고 있었다. 무덕무덕 피어 있는 노란 꽃다지가 바람에 너붓거렸다. 연이 씨는 마음으로만 소리 없이 이야기했다.

'아빠……. 내가 자전거를 빨리 배우지 못해도 속상해하지 마. 아빠가 아무리 열심히 가르쳐 줘도 나는 자전거를 빨리 배울 수가 없어. 자전거를 다 배우고 나면 내 마음이 무너질 테니까. 아빠 등 뒤에 이렇게 얼굴을 기댈 수도 없을 테니까. 아빠의 사랑을 잊지 않을게. 꽃이 피는 날에도, 꽃이 지는 날에도…….'

바람이 불어왔다. 갈맷빛 산등성 위로 저녁 해가 지고 있었다. 연이 씨는 아빠의 허리를 힘껏 끌어안았다. 저 멀리 스러지는 빨간 노을빛이 자꾸만 눈에 흐렸다.

눈 치우는 할아버지

영주 씨는 사회복지과에 근무하는 공무원이었다. 새로운 근무지로 발령 받은 영주 씨는 아침 일찍 서둘렀다. 지난밤 내리기 시작한 눈이 아침이 되어도 그칠 줄 몰랐다. 지하철을 타고 가려면 육교 하나를 건너야 했다. 육교 계단이 꽁꽁 얼어붙어 있었다.

계단 중간쯤에서 어떤 노인이 눈을 치우고 있었다. 눈보다 하얀 노인의 머리칼 위에 눈송이가 수북이 쌓여 있었다. 노인은 계단을 오르며 눈덩이를 삽으로 떼어 내고 있었다.

삽질을 하는 노인은 힘이 달리는 듯 손을 떨었다. 영주 씨는 노인에게 조심조심 다가갔다.

"할아버지, 고생이 너무 많으시네요."

"고생이랄 거 뭐 있나? 누구라도 해야 할 일이잖아요. 빙판 진 계단에서 미끄러지는 날에는 천하 없는 장사도 봉변을 당하지요."

노인은 고개를 숙인 채 말했다.

"할아버지께서는 연세도 많으신 것 같은데, 이런 일은 저 같은 젊은 사람들이 해야 하잖아요."

"젊은이들은 회사 나가야지요. 이런 일 할 시간이 있나? 이런 일은 나 같은 노인들이 해도 충분해요."

"죄송합니다, 할아버지."

영주 씨는 공무원이었기에 노인에게 더욱 미안했다.

"할아버지 댁이 이 근처세요?"

할아버지는 그제야 허리를 펴고 영주 씨를 바라보았다.

"요 앞동네에 산다오."

"아, 네……."

할아버지는 한숨을 폭 내쉬며 말을 이었다.

"사실은 내 아들이 이 육교에서 넘어졌거든. 그때 머리를 다쳐서 지금까지 삼 년째 방안에만 누워 있다오. 아들놈 때문에 이 늙은이 가슴이 새까맣게 타 버렸지."

"그러셨군요."

"혹시라도 다른 사람이 내 아들처럼 될까 봐, 눈 오는 날이면 이렇게 나와 눈을 치우는 거지요."

노인의 말을 듣고 영주 씨는 잠시 멍해졌다.

"할아버지, 저도 좀 도와 드릴게요."

"아니오, 하나도 힘들지 않아. 이것마저 할 수 없다면 아마 더 힘들었을 게요. 나는 삽으로 눈덩이를 떼어 내며 자식에 대한 아픔까지 떼어 내고 있는 거라오. 이 일을 하고 나면 응어리진 마음이 많이 풀려. 이 일을 하는 건 아들놈 빨리 일어나게 해 달라는 기도이기도 하니까요."

노인은 그렇게 말하고 다시 힘겨운 삽질을 시작했다.

영주 씨는 더 이상 아무 말도 할 수 없었다. 그 자리를 쉽게 떠날 수도 없었다.

노인은 자신의 아픔으로 다른 사람을 사랑하고 있었다.

아픔을 통해서도 우리는 사랑할 수 있다.

나의 선생님

별빛과 달빛이 나의 선생님이었다.

개구리, 여치, 소쩍새 울음소리가 나의 선생님이었다.

알을 품기 위해 4일이 넘도록 아무것도 먹지 않는 어미 닭이 나의 선생님이었고, 씨앗을 바람에 멀리 날려 보내기 위해 아픈 허리도 꼿꼿이 펼 줄 아는 꼬부랑 할미꽃이 나의 선생님이었다.

사냥꾼으로부터 새끼들을 지키기 위해 눈밭 위에 찍어 놓은 자기 발자국을 지울 줄 아는 너구리가 나의 선생님이었다.

거센 바람을 유연하게 탈 줄 아는 청보리가 나의 선생님이었고, 짓밟히고 다시 짓밟혀도 끝끝내 꽃을 피워 내는 질경이가 나의 선생님이었다.

은빛 비늘을 반짝이며 거세게 흐르는 물줄기를 거슬러 올라가는 물고기 떼가 나의 선생님이었다.

싸늘하게 죽어 가는 새끼 토끼를 온종일 혀로 핥아 살려 놓은 어미 토끼가 나의 선생님이었다.

빨갛게 잘 익은 감을 따 먹으라고 슬그머니 가지를 내려 주는 감나무가 나의 선생님이었다.

3일 동안 하늘을 날기 위해 4년이 넘도록 어두운 물속 생활을 견뎌 내는 장수잠자리가 나의 선생님이었다.

내 머리를 쓰다듬어 준 숱한 손길들이 나의 선생님이었다.

나를 아프게 했던 사람들의 쓴소리가 나의 선생님이었다.

'진심(眞心)'은 내가 보여 주고 싶어도 보여 줄 수 없지만 내가 감추고 싶다고 해도 감춰지지 않는 거라고, 진심은 어느 순간 불현듯 느껴지는 거라고 말해 주었던 나의 아버지가 나의 선생님이었다.

'아름다운 건, 별똥별의 섬광처럼 아주아주 짧은 거'라고 적혀 있던 내 첫사랑의 편지가 나의 선생님이었다.

기쁨도…… 슬픔도…… 모두 나의 선생님이었다.

사명선언문

너희가 흠이 없고 순전하여……세상에서 그들 가운데 빛들로
나타내며 생명의 말씀을 밝혀 _ 빌 2:15-16

1. 생명을 담겠습니다
만드는 책에 주님 주신 생명을 담겠습니다.
그 책으로 복음을 선포하겠습니다.

2. 말씀을 밝히겠습니다
생명의 근본은 말씀입니다.
말씀을 밝혀 성도와 교회의 성장을 돕겠습니다.

3. 빛이 되겠습니다
시대와 영혼의 어두움을 밝혀 주님 앞으로 이끄는
빛이 되는 책을 만들겠습니다.

4. 순전히 행하겠습니다
책을 만들고 전하는 일과 경영하는 일에 부끄러움이 없는
정직함으로 행하겠습니다.

5. 끝까지 전파하겠습니다
모든 사람에게, 땅 끝까지, 주님 오시는 그날까지
복음을 전하는 사명을 다하겠습니다.

서점 안내

광화문점　서울시 종로구 새문안로 69 구세군회관 1층
　　　　　　02)737-2288 / 02)737-4623(F)

강남점　　서울시 서초구 신반포로 177 반포쇼핑타운 3동 2층
　　　　　　02)595-1211 / 02)595-3549(F)

구로점　　서울시 동작구 시흥대로 602, 3층 302호
　　　　　　02)858-8744 / 02)838-0653(F)

노원점　　서울시 노원구 동일로 1366 삼봉빌딩 지하 1층
　　　　　　02)938-7979 / 02)3391-6169(F)

일산점　　경기도 고양시 일산서구 중앙로 1391 레이크타운 지하 1층
　　　　　　031)916-8787 / 031)916-8788(F)

의정부점　경기도 의정부시 청사로47번길 12 성산타워 3층
　　　　　　031)845-0600 / 031)852-6930(F)

인터넷서점　www.lifebook.co.kr

연탄

나를 전부라도 태워
님의 시린 손 녹여줄 따뜻한 사랑이 되고 싶었습니다.
그리움으로 충혈된 눈 파랗게 비비며
님의 추운 겨울을 지켜드리고 싶었습니다.
그리고 함박눈 펑펑 내리는 날,
님께서 걸어가실 가파른 길 위에 누워
눈보다 더 하얀 사랑이 되고 싶었습니다.